清宫图典

故宫博物院 编

朱诚如 任万平 主编

文化卷

刘甲良 本卷主编

故宫出版社

总　序

　　编纂多卷本的《清宫图典》是故宫学人的职责，也是故宫学人的夙愿。2002 年由我任主编，故宫同仁通力合作编纂的多卷本《清史图典》（十二册）出版后，得到学界高度评价，促使我们萌发编纂《清宫图典》的愿望。2015 年是故宫博物院九十华诞，我邀请故宫内外学界相关专业同行诸公：任万平（礼仪卷）、李湜（艺术卷）、黄希明（建筑卷）、左远波（生活卷）、于庆祥（政务卷）、滕德永（内务卷）、刘甲良（文化卷）、许静（典藏卷）、赵云田（出巡卷）、李理（禁卫卷）为十卷本《清宫图典》分卷主编，共襄盛举。历三年辛劳，终于付梓。名为《清宫图典》，意在十卷图录在手，能窥真实的清宫政务、生活全貌。

　　以图像记录历史、印证历史，古已有之。中国汉字最早源于象形，即出于图像。中国史书记事记人，向以文字记载为主，但历代学者力主左图右史。只是在当时印刷条件下，图文并茂实不可能。中国历代都有宫廷画家和民间艺人留下一批记录当时人和事的纪实性很强的绘画（包括岩画、壁画），为我们研究当时的历史留下蛛丝马迹。清朝是中国封建社会最后一个王朝，清代宫廷保存了大量的纪实性绘画、晚清的老照片，以及宫廷建筑遗址与各式遗物，为我们提供了研究宫廷历史文化的直观线索，也是我们编纂《清宫图典》的物质基础。高楼大厦不可能凭空搭建，柱础是根本。没有这些图片，就没有图录编纂的可能。

　　中国自古以来就有用绘画图像记事的传统，一些纪实性很强的绘画弥补了文字资料记载的不足，而且某种程度上能提供比文字资料记载更准确、更生动的信息。纪实性绘画分为记人和记事两类。宫廷画家的记人，主要是为帝王、后妃或名臣作"御容"或画像；记事主要是用绘画形式记录当时的重大社会历史事件。西汉毛延寿、唐阎立本都是历史上著名的宫廷画家。阎立本的《步辇图》卷，生动地刻画出唐太宗李世民接见吐蕃松赞干布派来迎娶文成公主的使臣禄东赞的隆重场面。宋代的《迎銮图》卷，绘记了南宋曹勋奉命到金国迎还宋徽宗赵佶灵柩的历史事件。正是绘画的这种无可代替的功能，使郑樵认为"图谱之学，学术之大者"（郑樵《通志》）。到明清两代，东西方海上交通得以开辟，海上交通同样也给东西方文化交流提供了便捷和可能。自明代开始，大批西方文化传播的先驱者——传教士来到中国，他们在传教的同时，也带来了西方先进的科学技术、西方的人文理念，包括西方的文化艺术。西方的绘画技术也逐渐传入中国。一些传教士的高超画艺，得到了中国统治者的认可，他们进而成为宫廷的御用画家，其中最为著名的清代宫廷画家是意大利人郎世宁。郎世宁于康熙五十四年（1715）到达中国广州，时年 27 岁。他当年即到北京，直至乾隆三十一年（1766）在北京病逝，终年 78 岁。郎世宁在中国历经康熙、雍正、乾隆三朝，在清宫中充当宫廷画家达 52 年。郎世宁不仅把西洋画法传到中国，而且为了适应中国皇帝的欣赏品位，在欧洲油画基础上吸收中国画的技法，形成了独特的画风。郎世宁在清宫中培养了一批通晓中西结合画法的宫廷画家，如丁观鹏、张为邦、王幼学等。

在清宫中的外国传教士画家，除著名的郎世宁外，还有王致诚、艾启蒙、贺清泰、安德义等。清代康熙时期，焦秉贞、冷枚、陈枚、唐岱等一些中国宫廷画家和一些民间著名画家也已经开始创作纪实性绘画。其中有王翚为主要作者的《玄烨南巡图》（十二卷）以及与其他宫廷画家合作的《玄烨六旬万寿庆典图》等。康熙后期，郎世宁的入宫，带动了更大规模纪实性绘画的创作，受其影响，一批中国的宫廷画家或合作或独自开始创作纪实性绘画。他们留下了大批南巡、大阅、秋狝、祭祀、行乐等纪实性作品，为我们今天研究清朝宫廷历史文化提供了最为生动的历史画图。绘画中不仅人物逼真、卤簿仪仗、车马轿舆，甚至画面上的头盔甲胄、衣冠服饰、八旗布阵也很逼真。2002 年，故宫博物院在英国举办"乾隆时代艺术展"，其中有著名的《弘历戎装骑马像》，乾隆当时所穿戴的铠甲也同时作为实物展出，画中乾隆穿戴的铠甲，与同时展出的实物铠甲相比，竟然连每一根金丝线都是一样的，令外国观众赞叹不止。2000 年，故宫博物院在台北历史博物馆举办明清家具展，因为展品中有一件乾隆皇帝当年经常使用的交椅，随展同时带去了一幅郎世宁、丁观鹏等中外宫廷画家合作的《弘历雪景行乐图》，图中乾隆皇帝所坐的交椅与展品中的交椅一模一样，器形、色彩、花纹、扶手、尺寸比例都以一丝不苟的工笔写实。更为神奇的是，另一幅《岁朝图》，画的是弘历和诸皇子在宫中欢度春节的场面，其中乾隆的"御容"，以及燃放爆竹的皇子相貌和姿态都与《弘历雪景行乐图》一模一样。纪实性到这种程度，可见这些宫廷画家们为记录历史的真实，确实花费了相当大的功力，从而为我们今天研究清朝的宫廷历史文化留下了丰富的第一手资料。

清朝纪实性绘画从内容上看主要是用来宣扬皇帝的文治武功和威仪，但是我们从每幅画上又会窥见出许多其他社会历史内容。清代宫廷画家留下了许多有价值的纪实性绘画，著名的《万树园赐宴图》就是以纪实手法描绘了我国境内蒙古杜尔伯特部的首领车凌、车凌乌巴什、车凌孟克率部内迁，乾隆皇帝亲自在离宫承德避暑山庄接见，并分别封赐王爵，赏赐贵重礼品，连续大宴十天的宏大场面。奉乾隆皇帝之命，郎世宁、王致诚等传教士画家一直参加这一重大活动，目睹了活动的全过程，对于活动中的重要人物和重大场面，这些宫廷画师均以纪实性手法加以描绘再现，客观记录了清朝政府安抚内迁的杜尔伯特部这一重大历史事件的场面。其他如描绘乾隆皇帝在万法归一殿接见万里迢迢回归祖国的土尔扈特部首领渥巴锡的《万法归一图》屏等。还有一些战图，如著名的铜版画《弘历平定西域战图》一组十六幅，描绘了乾隆时期清政府对西北用兵，平定准噶尔部达瓦齐、天山南路大小和卓木叛乱等重大战事，均有重要的历史价值。

此外，也有大量围绕宫廷和帝王活动的反映清代社会风貌、生产活动、风土人情的纪实性绘画。如著名的《玄烨南巡图》（十二卷）、《弘历南巡图》（十二卷），虽然是以描绘皇帝活动为主，但总体上看是皇帝南巡的纪实，它展现了从北京到江南沿途各地山川河脉、市井乡野、建筑园林、名胜古迹等历史风貌，描绘了大江南北沿途各地士农工商各司其职，以及漕运畅通、商业繁荣等景象。又如《康熙六旬万寿庆典图》两卷，描绘了康熙皇帝六十寿辰盛大的庆典场面。第一卷起自紫禁城的神武门，止于西直门；第二卷由四直门起，止于西北郊的畅春园。它们贯穿了大半个北京城，是当年北京城的风景画。沿途的建筑园林、街市坊间、官军庶民历历在目，再现了京城当年的繁荣景象。《京师生春诗意图》轴，以鸟瞰手法描绘了京城中心地带的全貌，画中正阳门外店铺林立，车马行人栩栩如生，皇宫紫禁城、景山近在眼前。上述画面都是场面宏大的绘画，所以图录范围广泛，历史内涵丰富，史料价值很高。此外，展示清朝大一统皇权统治下的清代农业、手工业、牧业、商业的有《制瓷图》（乾隆朝）、《耕织图》（康熙、雍正朝均有）、《制茶图》（乾隆朝）、《棉花图》（乾隆朝）、《滇南盐井图》（康熙朝）、《广州十三行图》（乾隆朝），以及《香港开埠图》（道光朝）等。清代康熙年间收复台湾后，向台湾派遣官员，大陆的文人学士不断造访台湾，清朝皇帝非常关注台湾，令遣台官员等将台湾地区的风土人情及宝岛的物产情况用绘画形式表现出来，于是有了《台湾内山番地风俗图册》和《台湾内山番地土产图册》。

清代除了大量纪实性绘画外，还有相当数量的老照片流传下来。摄影术发明后，摄影作品成为记录、储存、传递事物形象的特殊讯息载体。留存的历史照片，使人们能够"目睹"已经消逝的前人生活情状。"百闻不如一见"，历史照片可以帮助我们"看见"过去，虽然只是零散的、中断的、瞬间的形象，但它是实在的、具体的、生动的映像。它蕴藏着丰富的历史生活内容。

摄影术是1839年法国政府公布银版摄影法之后才迅速传播开来的。大约也就是1844年，两广总督兼五口通商大臣耆英，在给皇帝的奏折中提到，他曾把自己的"小照"分赠英、法、美、普四国使臣。给耆英照相的摄影师叫于勒·埃及尔，他于1844年以法国海关总检察长的身份到达中国，在广州、澳门、香港等地拍了不少照片，其中部分照片在1848—1853年的法国书刊上陆续复制刊登过，有的还收进了1920年出版的《法国摄影史》一书。照片上还留有摄影者手书的说明文字。这些照片中就有耆英的相片，大约照相术就在此时传入中国。

第二次鸦片战争后，清政府的一些官僚买办兴起了一股办洋务热，引进外资和技术设备，开工厂、修铁路、办矿山等。他们常常把工程进展情况摄制成"照相贴册"出售，有的宣传社会上的重大事件，更多的是汇集风景名胜、戏剧演出等。西方列强用大炮轰开清王朝闭关锁国的大门之际，也正是摄影术开始传播之际。有着悠久文明的东方古国，自然会吸引众多的摄影师来进行"探险""猎奇"的旅行摄影。在抱着各种目的来华的外国人中，有的是旅行摄影师，有的是传教士，有的是跟着侵略军一起打进来的。他们拍摄了大量照片，尽管是为其侵华行为张目，但客观上对沟通中西文化、保存清代社会生活场景起了很大作用。随着时代的变迁，这些独具特色的照片，其历史价值和意义越来越显得重要和宝贵。

　　随着照相技术的传播，晚清的皇帝和王公官僚们也开始喜欢这些洋玩意儿，他们用相机摄下了晚清皇宫的生活情况。目前故宫博物院保存的两万多块当时留下来的照相玻璃底片，其中就有当年他们的作品。外国列强在枪炮的掩护下，用相机摄下了战火中的中国，那个满目疮痍、民不聊生的中国，这些照片大多保存在欧洲各国的博物馆、图书馆里。晚清皇宫和外国人手中留下的数万张反映当时中国状况的照片，是我们研究清王朝社会政治、经济、文化和宫廷生活等历史的最真实、最可靠的资料，当然具有很高的史料价值。

　　应该说这些陈旧的老照片所包含的历史生活内容，其丰富性是任何语言文字描述都难以替代的。这些记录着过去时代人们生活情状的照片，尽管只是星星点点的瞬间形象，却可以开阔人们的眼界，增长对已经逝去的时代的见识，从而激起无穷的联想。它们可以弥补历史教科书的某些不足，是认识历史生活、生产、文化、艺术、建筑、服饰、礼仪、宗教等的形象资料，给人以如临其境的感觉。照片中的人物、背景中的建筑园林，都是当时历史的真实载体。至于人物之间的关系、人物与背景的关系，我们则可以结合文献资料的记载，进行研究、判断，从而得出正确的结论，达到还历史本来面貌的目的。

　　此外，晚清的老照片和纪实性绘画还可以互相验证，而文献记载往往做不到这一点。据朱家溍先生介绍，1947年故宫博物院对太和殿内的陈设进行调整，恢复了清代的原状。因为当时宝座台和台上金漆屏风都是清代原物，只有正中原来的宝座被袁世凯称帝时撤下来，换上了他的一个大靠背椅，这样的陈列，显然不伦不类。因此就决定撤去袁世凯的大靠背椅，换上清代皇帝的宝座。于是准备在文物库房中选择一张形制最大、制作最精的宝座，以为换上去就可以了。挑选了许多，摆上去与屏风总是不相协调。后来从老照片中找出袁世凯撤宝座前的影像，再在故宫内各处寻找，终于找出了这个宝座，虽左边有部分残缺，但右边不缺，可以比照修复。后来又发现一幅康熙皇帝的朝服像，坐的就是这张宝座。此外，还发现乾隆皇帝称太上皇时，皇极殿特制的宝座也是仿制这张宝座制作的。有了老照片和纪实性朝服像上的宝座以及乾隆时的仿制宝座，很快就修复了康熙曾坐过的这张宝座。2002年，我们又根据清代的老照片，把袁世凯时期太和殿内撤去的匾联加以恢复，这样太和殿内的原状陈列终于得到了全部恢复。从中我们可以看出，以老照片为据，从纪实性绘画中得到验证，再找到实物，这样就可以恢复历史上的原状，还历史以本来的面目。可见老照片和纪实性绘画的作用是非常重要的，无可替代的。

　　这些宝贵的资料虽然从数量上看很多，但收藏分散，国内国外、公家私人都有收藏，搜集齐备很不容易。此外，历史是连贯的，而这些第一手资料也有许多盲区，即许多重大历史事件既无纪实性绘画也无相关照片（或许我们现在尚未发现）。还有一个鉴别问题，纪实性绘画有些是佚名，不能判断准确年代。照片鉴别更难，特别是清代老照片，由于当时照相技术不高，底片模糊，即使很清楚的照片，由于都是一张张孤立的底片，照片上的人物究竟是谁，无从查考，需要花大功夫去鉴别，才能利用。

当然，今日之画像已非昔比。纪实性绘画随着历史的演进，亦有开拓创新。特别是摄影技术的高度发展，把图录历史推向新的高度。

《清宫图典》的文物资源，除纪实性绘画和老照片之外，遗址和遗物亦成为图录的另一重要资源。《清宫图典》中大多数图像是借助今日的先进照相术，将遗址和遗物摄录成像，编纂其中。其中宫殿亭台楼阁和园林景观皆为遗址。车马轿舆、顶戴服饰、瓷器玉器、文房用品、文书档案、古籍善本、碑帖拓片等器物皆为遗物。遗址和遗物图像是第一手历史资料，也是编纂《清宫图典》的主体部分。为了准确反映当时的历史风貌，对没有老照片的遗址我们进行了重新拍摄。至于遗物即清代宫廷留存下来的文物，我们也进行了大量的补拍，许多从未拍摄过照片的文物的图片这次被编入图典，也是《清宫图典》的一大亮点。

参与编纂《清宫图典》的诸位同仁均为学术有成、对清宫廷历史各领域素有研究的专家。古稀之年有幸与各位合作，甚为欣慰！我和任万平副院长诚挚感谢诸位的无私奉献！《清宫图典》项目在时间紧、任务重的情况下得以推进，全靠各位精诚合作，完成编纂工作。

我还要感谢任万平副院长，从编纂《清史图典》到《清代文化》图录，再到《清宫图典》，一路走来，万平同志功不可没。她熟悉故宫文物典籍、图画照片，能编纂这几大部数十卷册的图录，一等功非她莫属！

其次要感谢故宫博物院资料信息部及一些相关单位与个人，《清宫图典》中的数千张图片都由他们提供，都凝结着他们的辛劳和汗水；感谢故宫出版社宫廷历史编辑室、文化旅游编辑室团队，他们兢兢业业、一丝不苟的精细操作，保证了本书的质量。

十分荣幸本丛书纳入国家出版基金资助项目，给予资金支持，这是文化事业得到重视的标志！也是国家繁荣昌盛的标志！

图录历史开启一代风气之先，故宫内外学界同仁将为此而鼓与呼！

朱诚如

2015 年 8 月 24 日初稿

2017 年 4 月 22 日定稿

于紫禁城城隍庙

目　录

前　言

　　"文化"为中国语言固有之词汇，沿革变化悠久。"文"与"化"并联使用始见于《周易》"观乎天文，以察时变；观乎人文，以化成天下"。"文化"联为一词出现则见于西汉刘向《说苑·指武》"圣人之治天下也，先文德而后武力。凡武之兴，为不服也。文化不改，然后加诛"。由此可见，汉语系统"文化"的本义是以文教化，突出的是人的文明修养。时至今日，文化已经成为一个内涵丰富、外延宽广的多维概念，众多学科皆可从文化角度去进行探究。《清宫图典》（文化卷）遵从整套书的编排，拟定了典籍、教育、宗教、戏剧、交流五个主题，力图发微见著，探究清宫文化概况。

　　清王朝是满族入关后所建的一个多民族统一国家，不同文化交相辉映，形成了独具特色的清宫文化。典籍是人类文明的重要载体，是文化的集中体现。同时，"武功克敌，文德治政"。图书作为古代最为有效的传媒，是彰显"文德"的重要工具，历代"圣德明君"莫不重视。清政府推行"稽古右文"政策以笼络世人，对修书尤为重视。有清一代，御纂类图书最为丰富，汉满蒙藏多语言合璧图书最能彰显特色，丛书、类书总结性巨著最为灿烂，各种装潢极尽奢华。但清代修书的辉煌主要集中于康雍乾三朝。清初，战乱频仍，统治者无暇顾及。而自乾隆后，国势日衰，修书事业随之慢慢走向没落。现存的清宫典籍也为我们研究清宫政治、经济、军事、文化提供了极为丰富的文献资料。

　　清代的皇子教育制度与经筵制度发轫于清初，并伴随"尊孔崇儒"这项重要国策的实现逐步发展与完善，成为满族贵族认同与接受儒家文化、实行"崇儒重道"的统治政策的重要方面。但清代的皇子教育制度和经筵制度呈现出了不平衡的发展趋势：皇子教育制度从清初确立以来，逐步趋于完备，并成为有清一代重要的"家法"，被历朝所奉行，直至清朝结束；经筵制度与之不同，从清初经筵制度确立，至康熙朝前期达到鼎盛，之后逐渐务虚而仪式化，咸丰朝以后则从历史舞台上消失。究其原因，应是清代皇子教育的成熟与完备使得皇帝不再依赖经筵制度获取知识，导致经筵制度所具有的皇帝御前讲席的这一功能逐渐削减，并最终丧失。

　　清代对宗教施行开明政策，清代宫廷中各种宗教活动频繁，萨满教、道教、藏传佛教等形形色色并存。从萨满法师到玄天上帝，从关帝圣君到大威德金刚，各路神佛都在清宫中得到供奉。萨满教是满族传统宗教。由于萨满教皆为口授祝词仪注，自太祖至高宗，历时六朝，一百余年，久而小有异同，萨满教信仰也大不如昔。为保留传统信仰以维系满族团结，乾隆帝特敕庄亲王允禄编纂了《钦定满洲祭神祭天典礼》，标志着萨满教祭典正式典制化。但此举收效甚微，萨满教在清宫宗教舞台上日趋没落。满族在入关前，便接触了藏传佛教。入关后，清朝统治者把扶植藏传佛教作为治理蒙藏的重要国策，"兴黄教即所以安众蒙古，所系非小，故不可不保护之"，历代皇帝奉行不渝，借助佛教的影响，安定蒙藏，巩固边防，维护国家统一。道教乃中国土生土长的宗教。在明代，道教之风大行于天下，明宫尤甚，明代很多皇帝沉迷道教。清承明制，道教信仰继续在宫中传承，雍正皇帝则是清朝诸帝中对道教最为推崇的一位。总体而言，藏传佛教在清宫最为兴盛，道教则远逊于藏传佛教。

清代历朝帝后酷爱戏剧，是清宫文化生活的重要组成部分。入关之初，清宫戏剧机构基本延续明代的教坊司旧制。康熙时，先后成立南府和景山两个机构来共同管理清宫戏剧活动的一切事宜。道光时期，国力日衰，清廷已无力承担清宫戏剧演出的巨大开销，先是将景山取消、并入南府，道光七年（1827）更将南府改为升平署。光绪年间，慈禧皇太后为了排演和欣赏民间时新的皮黄戏，以自己居住的长春宫的太监为主体，组建一个戏班，名为"普天同庆班"，也称"本宫班"。所演戏剧称为"本宫戏"或"本家戏"。他们不隶属升平署，由慈禧皇太后直接管理。上述即为清代宫廷戏剧的管理机构，在管理机构的精心经营下，清代戏剧呈突飞猛进之势。宫廷内的戏剧演出如火如荼，通过编纂剧本、招伶入宫、营建戏台、制作切末等措施，宫中戏剧取得不少成就，在中国戏剧史上占有重要地位。当然这与统治者的喜好有极大关系，有清一代，统治者皆对戏剧产生了浓厚的兴趣，除了观赏戏之外，还撰写了一批与年节、时令、喜庆活动内容相关的剧本，即"节令承应戏"，或者叫"仪典戏"。仪典戏适时演出，并成为一种制度，直到清亡。

明末清初，"实学"思潮兴起。一批儒家知识分子也重视起科学技术，同当时传教士带来的西方科学知识逐渐汇通，形成了渐演成势的中西文化交流的局面。清前期的几位皇帝，都十分重视自然科学知识的学习和运用，并亲自学习科学知识，甚至达到了很高的水平，尤以康熙皇帝取得的成就最为巨大。在学习过程中，将中国传统科学与西方先进的科技知识相结合，促进了中西文化的交流和清代科技的发展。但清宫内学习的科技知识主要是为应用而学，依皇帝个人的兴趣而转移，缺乏系统的知识积累，没有形成完整体系，因而非常容易中断。自康熙后，对西学的重视日趋式微。现存的清宫旧藏西方科技文物，有力见证了当时"西学东渐"的兴盛。

刘甲良

2018 年 8 月 6 日

图版目录

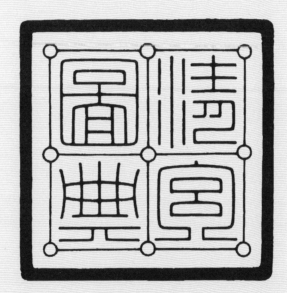

释文：清宫图典

典籍篇

　　中国古代皇室历来有修书和藏书的传统，此举既是为了夸耀文治、歌颂升平，也是为了控制思想、消灭异端。皇室以无上的权力和雄厚的财力刊刻、搜集图书典籍，私人无法与之相匹敌。清内府修书更是取得了辉煌的成就，黄裳先生曾言清代刻书是中国书史上"最后的光荣"。内府刻书，尤其清前期的内府刻书，就是这最后光荣的顶峰。清代修书肇始于入关前。入关前的清政府积极学习汉文化的政治、军事经验，并把其作为立国安邦的依据，故此时所修之书中军事方面居多。入关之初，为安抚百姓，教化之书尤多。随着国家统一的实现，政局稳定，经济发展，康雍乾时期达到了清内府修书的顶峰。这一时期，一方面，清王朝大力强化思想领域的专制统治，大兴文字狱，比如《四库全书》的编纂实乃"欲禁于征"；另一方面，清政府则以"稽古右文，以彰同文千古之盛"为号召，不遗余力地刊刻有利于其统治之书。嘉庆以降，清王朝不断走向没落，修书也随之萧条，但仍刊刻了不少精美图书。

　　"武功克敌，文德治政。"图书作为古代最为有效的传媒，是彰显"文德"的重要工具，历代"圣德明君"莫不重视。清王朝乃满族入关所建。为维护其统治，清政府推行"稽古右文"政策以笼络士人，对修书尤为重视。一方面，清政府改革前代中央刻书机构，设立武英殿修书处，集中人力物力进行图书刊刻。把明代的刻书处所由国子监、司礼监搬到皇宫内院，更有利于控制。除武英殿修书处外，常设的修书机构还有国史馆和方略馆等。此外也常设立临时性修书馆，如四库馆、会典馆、清字经馆等。另一方面，清代君主也常亲自过问书籍的具体编修，比如图书的内容、雕版的字体、雕版的保护、书籍的装帧。清朝君主也常会亲自撰写图书，敕令刊刻。清王朝"稽古右文"的政策应是造就清代修书辉煌的重要因素。

在中国历史上，几乎在每一个朝代宫廷都拥有当时最为丰富完备的图书，并建有藏书楼。秦代的金匮、石室，汉代的兰台、东观，唐代的弘文馆，宋代的龙图阁等，都是历史上著名的宫廷藏书楼。有清一代，清内府不仅编修刊刻了数量可观的图书，也建立起了齐备的藏书体系。宫内藏书星罗棋布：昭仁殿专储"天禄琳琅"，内阁大库专收明代遗书，文渊阁专藏《四库全书》和《古今图书集成》，摛藻堂专储《四库全书荟要》，养心殿专置《宛委别藏》，皇史宬专藏清历代《实录》《圣训》《玉牒》，南薰殿专收历代帝后圣贤像，舆图房专藏明清所绘各种舆图……此外，大量图书散落宫中各处，从遗存的《清宫陈设档》可见其一二。翰林院、国史馆、方略馆及圆明园、避暑山庄、颐和园等行宫苑囿的藏书，更是难以胜计。

康乾时期清内府修书刊刻、缮录书籍的事业，在整理、辑佚宋元古籍及编纂新书方面，有着突出的成就。它不但为我国保存了一批宝贵的宋元古籍，也为我们研究有清一代的政治、经济、军事、文化提供了系统的、丰富的文献资料，更是研究清宫史和清代帝后文化生活不可多得的实物，具有重要的价值。

传世佳作

（一）清初文略

001

《三略》

年代　清天聪
作者　（秦）黄石公撰　（清）达海译
收藏单位　故宫博物院

　　满文精写本。是书为中国古代一部战略专著，分上略、中略、下略三卷。清初达海译为满文，旨在供八旗将领学习和参考，了解中国古代用兵之道，从而提高八旗官兵的作战能力。

002

《六韬》

年代　清天聪
作者　（周）吕望撰　（清）达海等译
收藏单位　故宫博物院

　　满文精写本。是书为中国古代十分重要的兵书。《六韬》包括文韬、武韬、龙韬、虎韬、豹韬、犬韬，计60篇。达海翻译此书未竟，即于天聪六年（1632）去世。余者由其他笔帖式续译而成。清初翻译此书仍是供八旗将领学习和参考，熟悉中国古代作战韬略，从而提高八旗官兵的作战能力。

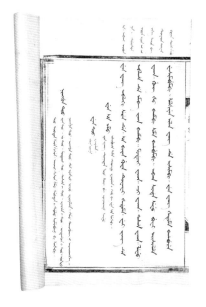

003

《列国演义》

年代　清初
作者　（明）冯梦龙撰
收藏单位　故宫博物院

　　满文精抄本。此书是冯梦龙在余邵鱼《春秋列国传》的基础上改编而成，又名《东周列国志》。全书起自周幽王被杀、平王东迁洛邑，终于秦统一六国，计108回。虽有虚构情节，但仍基本符合历史史实，对为政之得失有一定的借鉴意义。清初是书被译为满文。

004

《御制劝善要言》

年代　顺治十二年（1655）
作者　（清）福临撰
收藏单位　故宫博物院

　　内府满汉合璧刻本。是书为清顺治皇帝辑录儒家经典中有关善行之言的作品。该书以"善"为核心，多方位论述其本原和本质，宣扬、论述了知命顺天、先义后利及因果报应说，劝勉人们善言、善行，以期为维护封建统治利益服务。

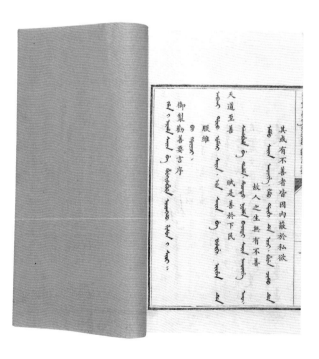

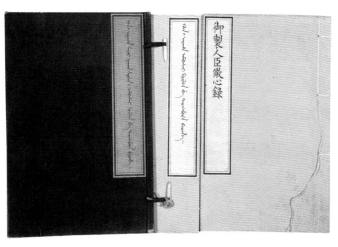

005

《御制资政要览》

年代　顺治十二年（1655）
作者　（清）福临撰
收藏单位　故宫博物院

　　内府刻本。是书为清顺治皇帝辑录历代经史中有关政事而成，并加之训诂以详其证据。旨约而易明，文简而易阅，既可为施政者之鉴，也是臣民之行为准则。计30卷，从正反两方面阐述儒家之修身、齐家、治国、平天下，以期敦崇世教、治国保邦。

006

《御制人臣儆心录》

年代　顺治十二年（1655）
作者　（清）福临撰
收藏单位　故宫博物院

　　内府刻本。是书为清顺治皇帝总结历代奸臣误国的经验教训而编纂的一部政论作品，包括《植党论》、《好名论》、《营私论》、《苟利论》、《骄志论》、《作为论》、《附势论》、《旷官论》八篇文章，旨在正人心，提醒群臣引以为戒，并要忠君、爱国、秉公、正身。

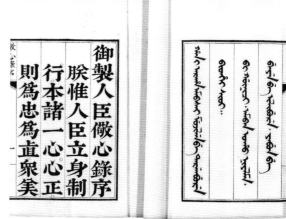

《御注孝经》

年代　顺治十三年（1656）

作者　（清）福临撰

收藏单位　故宫博物院

　　内府刻本。清初满族统治者为笼络士人，亦尊孔崇儒，刊行儒家经典。《孝经》是以孔子回答曾子提问的形式陈述孝道。世祖福临亲自注解《孝经》以倡导孝道，并敕令内府以大字本、小字本两种版式刊行全国。是书被誉"文义精粹，词无隐晦"。

《万寿诗》

年代　顺治十三年（1656）

作者　（清）福临撰

收藏单位　故宫博物院

　　内府朱格抄本。是书集世祖福临为母祝寿诗30 首，祝颂太后博尔济吉特氏之诞辰，以向天下昭示福临对母亲的孝敬。

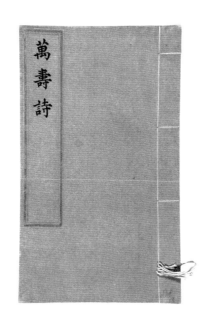

《劝学文》

年代　顺治十三年（1656）

作者　（清）福临辑

收藏单位　故宫博物院

　　内府刻本。是书辑录了古人倡导刻苦学习的有关诗文，由世祖福临亲自编辑，并撰写引文。全书简明扼要，通俗易懂，是中国古代启蒙励志的教学读物。

010

《大清顺治十四年七政经纬躔度时宪历》

年代　顺治十三年（1656）

收藏单位　故宫博物院

　　钦天监刻本。清初中西"历法之争"中，西历胜出。清廷遂重西历，并命汤若望为钦天监监正，负责推测、制定新历和预测天气等事宜。顺治元年（1644）七月，清廷采用西洋所修之历法，并名为《时宪历》。《时宪历》是我国采用的较为科学的一种历法。是书为顺治十三年（1656）所刊刻的顺治十四年（1657）历法。

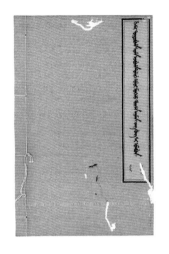

 011

《三国志》

年代　顺治十七年（1660）

作者　（西晋）陈寿撰　（清）蒋赫德译

收藏单位　故宫博物院

　　满汉文对译精写本。是书为一部记述魏、蜀、吴三国历史的纪传体断代史。全书以魏为正统，由本纪、列传组成，计65卷。顺治十七年（1660）二月，顺治帝敕令将汉文《三国志》译为满文，颁赐诸王以下、甲喇章京以上满族王公大臣。其主要目的是让八旗军了解三国时期谋臣、将帅们的军事才能和作战事迹，以有助于八旗军军政事务的管理和作战技能的提升。

012

《御制孝献皇后哀册》

年代　顺治十七年（1660）

作者　（清）福临辑

收藏单位　故宫博物院

　　内府满文刻本。顺治十七年（1660）八月，皇贵妃董鄂氏卒。皇太后降旨，追封董鄂氏为皇后，谥孝献庄和至德宣仁温惠端敬皇后。是书由世祖福临亲撰，书中表达了他对董鄂氏之死的深切哀悼。

（二）盛世文典

《金刚经》

年代　康熙元年（1662）
作者　（后秦）鸠摩罗什译
收藏单位　故宫博物院

　　泥金蒙古文写本。顺治帝为弘扬佛教政策，敕令藏族、蒙古族笔帖式用泥金抄写《金刚经》。顺治帝驾崩后，皇太后主持继续抄写，于康熙元年（1662）完成。蒙古文、藏文各54函，共108函。这是清代最早的官修蒙古文佛经之一，也是顺治帝敕谕抄写的唯一一种蒙古文佛经。

014

《平定三逆方略》

年代 康熙二十五年（1686）
收藏单位 故宫博物院

国史馆朱格抄本，凡 60 卷。此书有满汉两种文字，详细地记载了清政府平定三藩之始末。是书为清代纂修的第一部方略，虽未曾刊刻，但开清代纂修方略之先河。

015

《康熙会典》

年代 康熙二十九年（1690）
作者 （清）伊桑阿等纂
收藏单位 故宫博物院

内府刻本，凡 162 卷。会典多是以"职官"为纲，记录中央与地方官职制度沿革。《康熙会典》为清入关后颁行的第一部会典，记事始于清初崇德元年（1636），迄于康熙二十五年（1686）。凡有关"职方、官制、郡县、营成、屯堡、觐享、贡赋、钱币诸大政于六曹庶司之掌"，无所不载。

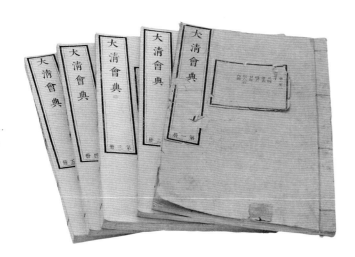

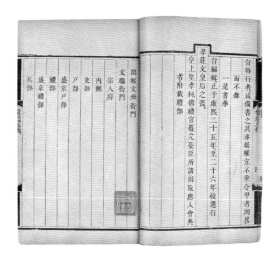

016

《钦定国史大臣列传》

年代　清康熙
收藏单位　故宫博物院

　　国史馆朱格抄本。是书为官修纪传体史书。康熙二十九年（1690）设国史馆，开始编纂本朝大臣列传。此书的大臣列传内容翔实，有较高的史料价值。

017

《御制耕织图》

年代　康熙三十五年（1696）
作者　（清）玄烨题诗　（清）焦秉贞绘图
　　　　（清）朱圭、（清）梅裕凤刻
收藏单位　故宫博物院

　　内府刊本。《耕织图》是我国最早的成套的描绘农业社会生产过程的图像资料，最早可上溯至南宋，惜已失传。此《耕织图》以江南生产为题材，系统描述了农桑的生产过程。耕图、织图各23开，每开配有康熙帝御题七言诗一首。所绘之图，在技法上采用了西洋焦点透视法。此书后有木刻本、绘本、墨本、石印本等流行于世。

018

《全唐诗》

年代　康熙四十六年（1707）
作者　（清）曹寅等辑
收藏单位　故宫博物院

扬州诗局刻本，凡900卷。此书又称《钦定
全唐诗》，是一部唐诗总集。全书以明胡震亨《唐
音统签》及清季振宜《唐诗》为底本，又旁采碑、
碣、稗史、杂书之所载拾遗补缺而成。共收录唐、
五代350年间诗歌48900余首，收入作家2246人。
全书以人系诗，按时代先后排列，对可考稽的作
者多附小传。

019

《佩文斋广群芳谱》

年代　康熙四十七年（1708）
作者　（清）汪灏等编
收藏单位　故宫博物院

扬州诗局刻本。是书据明代王象晋《群芳谱》
增删而成，计100卷，较为翔实地介绍了植物的
形态、栽培、利用、典故和艺文，是一部植物谱
志的汇编。

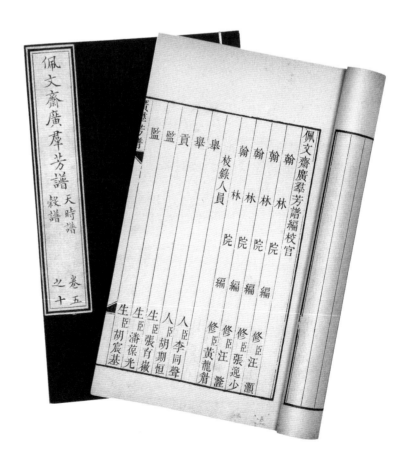

《佩文斋书画谱》

年代　康熙四十七年（1708）

作者　（清）王原祁等编

收藏单位　故宫博物院

　　扬州诗局刻本。此书是一部辑录中国古代书画的大型类书。该书从明代以前的 1800 多种书中辑录关于古代书画的艺术资料，汇编成 100 卷，对书画及书画家传记等均有涉猎。全书体例严谨、引据翔实、颇便稽考，为历代书画研究者不可或缺的重要资料。

《渊鉴类函》

年代　康熙四十九年（1710）

作者　（清）张英等辑

收藏单位　故宫博物院

　　扬州诗局刻本。大学士张英奉敕选取《太平御览》、《玉海》等 17 种类书及总集、子史稗编等明嘉靖以前古籍，依《唐类函》体例，增其所无，详其所有，辑合增编成帙。此书计 454 卷，目录 4 卷。内容分天、地、岁时、帝王等 45 部，部下分 2536 类，次列典故、对偶、摘句、诗文等。皆注出处，是检索唐宋以至明嘉靖的典故、辞藻及其源流的工具书。

022

《古文渊鉴》

年代　康熙四十九年（1710）
作者　（清）玄烨选　（清）徐乾学注
收藏单位　故宫博物院

　　内府刻四色套印本。是书乃集历代散文为一书的一部文学总集。康熙帝亲自选录，以有关教化、有益世用者为主，共选文1324篇，且加以评注，并敕令徐乾学等大臣编纂。该书考证翔实、详略得当、阐发精微，以朱笔圈点，为朱、墨、黄、绿四色套印本。其书品华贵、刻印精美，代表了清代内府刻印技术的高超水平。除此版本外，康熙朝还有内府五色精写本、五色套印本、二色套印本、满文刻本，乾隆朝还曾有古香斋袖珍本。

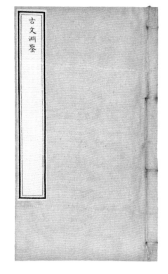

023

《御制避暑山庄诗》

年代　康熙五十一年（1712）
作者　（清）玄烨撰　（清）揆叙等注　（清）戴天瑞绘
　　　（清）朱圭、（清）梅裕凤刻
收藏单位　故宫博物院

　　内府刻朱墨套印本。此书乃描绘皇家苑囿建筑风貌和景致的诗文集。康熙帝亲选避暑山庄三十六景，每景作诗一首。诗中每句诗皆有揆叙等儒臣注释。注释之引文出处用朱线标出，并有朱色句读。是书所绘景物灿然，镌刻精致，是清内府版画的代表作。另有满文刻本、指画绘本、铜版刻本等。

024

《佩文韵府》

年代　康熙五十二年（1713）
作者　（清）张玉书等辑
收藏单位　故宫博物院

　　扬州诗局刻本。是书是一部查找辞藻、典故的大型类书。全书收 10252 字，词汇近 50 万条，按其读音分别归入明清时采用的平水韵 106 个韵部中。所收词目，按最后一字归韵。盖自有韵府以来，此书最为浩繁。"佩文"为康熙帝之书斋名，故名"佩文韵府"。

《御纂朱子全书》

年代　康熙五十三年（1714）
作者　（清）李光地等撰
收藏单位　故宫博物院

　　武英殿刻本，凡66卷。朱熹早年与晚年学术观点有所变化，而后代儒家往往坚持朱子的部分言论，没有从整体上把握朱子的本旨。鉴于此，康熙帝在康熙五十二年（1713）敕命李光地等儒臣对朱熹文集、语录进行整理删节，以类排比编成此书，并命以"御纂"名义颁行全国。全书具体反映了朱熹"有理有气，以理为本，理在气先"的哲学思想，为研究朱熹的思想提供了重要的参考资料。

《康熙字典》

年代　康熙五十五年（1716）
作者　（清）张玉书等编
收藏单位　故宫博物院

　　武英殿刻本。康熙帝认为当时通行之字书或过于芜杂，或过于疏舛，遂钦定此字书。此书是我国第一部以字典命名的工具书，也是集历代字书之大成的第一部官修字典。是书以十二地支为集，每集分上、中、下3卷，正集计36卷。考证精良，释义详细，正音、别音、正义、别义和古音韵均征引旧典，详其始末。时至今日，仍是整理研究古籍等的重要工具书。道光七年（1827）曾重刊此书。

027

《万寿盛典初集》

年代　康熙五十六年（1717）
作者　（清）王原祁等绘
收藏单位　故宫博物院

武英殿刻本，凡120卷。此书是为庆贺康熙皇帝六旬寿辰奉敕编纂的一部文献汇编，包含宸藻、圣德、典礼、恩赉、庆祝、歌颂六大部分。其中"万寿长图"部分由王原祁等绘，朱圭镌刻，描绘了自畅春园至神武门的庆典景象，总长度近50米，为版画中罕见的巨制。

028

《分类字锦》

年代　康熙六十一年（1722）

作者　（清）何焯等纂

收藏单位　故宫博物院

　　清内府刻本，凡64卷。是书采集古籍中的"丽词雅语"，内容分天文、节令、地理、山水、帝后等40门，门下又析为618类，每类词语又分为"成对"及"备用"二属。各属词语按字数顺序排列。各条词语均详引原书于条下，首列出典，次列例句，连篇累牍，集成巨帙，体例详明。便于读者作诗填词、联句、著文时选用。

029

《御制数理精蕴》

年代　清康熙

作者　（清）允祉等编

收藏单位　故宫博物院

　　内府铜活字印本，凡45卷。此书是一部介绍包括西方数学知识在内的数学百科全书。

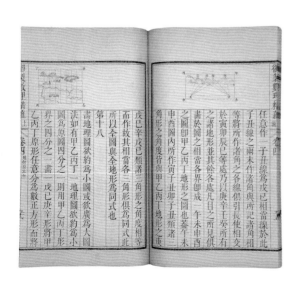

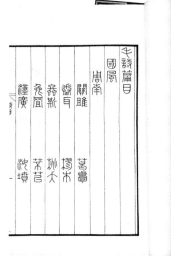

030

《钦定篆文六经四书》

年代　清康熙
作者　（清）李光地等辑
收藏单位　故宫博物院

内府刻本。明嘉靖时，陈凤梧曾刻《篆文六经》。康熙末年，康熙皇帝命李光地、张廷玉、蒋廷锡等儒臣用小篆刻印儒家经典。篆文刻印乃此书一大特色。

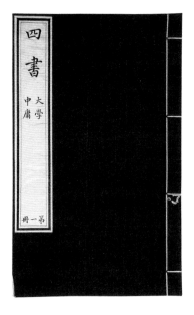

031

《四书章句集注》

年代　清康熙
作者　（宋）朱熹注
收藏单位　故宫博物院

内府仿宋大字刻本。康熙皇帝崇尚孔孟之道和程朱理学，下令刊刻多部理学名著。《四书章句集注》则是其中最精良的一部代表作。是书刻印精美，装潢雅致，代表了当时高超的印刷技术和先进的科技水平。

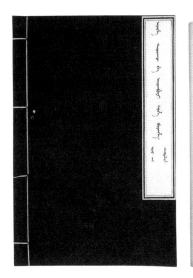

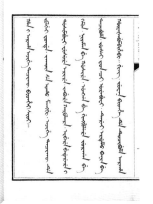

032

《小学集注》

年代　雍正五年（1727）
作者　（宋）朱熹撰　（明）陈选注　（清）古巴岱译
收藏单位　故宫博物院

内府刻本，凡6卷。此书是朱熹于宋淳熙十四年（1187）所撰，分作内外两篇。内篇分"立教"、"明伦"、"敬身"、"稽古"四门，外篇分"嘉言"、"善行"二门，是儒学启蒙教育的重要教材。书前有自序，教人以洒扫、应对、进退之节，爱亲、敬长、隆师、亲友之道，是儒者为学的基础。清朝以此书教习八旗子弟。康熙帝命译成满文，后于雍正五年（1727）由内府刊行。

《钦定诗经传说汇纂》雕版

年代　雍正五年（1727）
作者　（清）王鸿绪等编纂
收藏单位　故宫博物院

　　内府刻本，凡21卷，另有首2卷、诗序2卷。《诗经》为儒家经典，历来为统治者所重。康熙帝敕令王鸿绪编纂此书，为"传说汇纂"系列著作之一。是书对《诗经》逐篇逐章训解，经文用大字。训解首引朱熹《诗集传》对该章的解释，用中等字号，以示尊崇，前冠以"集传"二字。再博采汉以来其他鸿儒对此章的解释，用小字双行注出，前冠以"集说"二字。然后引历代学者与"集传"、"集说"不同的见解，凡言之有据、言之成理者也用小字双行注出，前冠以"附录"二字。每诗之后引诸人对该诗总的论述，用小字变行注出，前冠"总论"二字。编撰者自己对某章、某诗的解释或论述冠以"案"字，放在注文的最后。

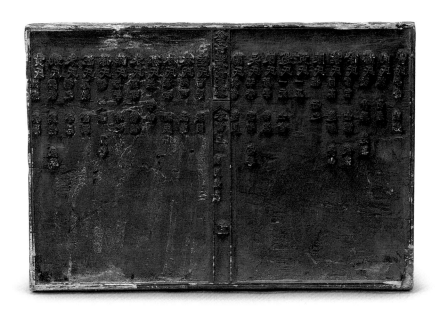

034

《御定子史精华》

年代 雍正五年（1727）

作者 （清）允禄等编

收藏单位 故宫博物院

清内府刻本，凡 160 卷。是书为类书，辑录先秦诸子及历代史书、杂记等子、史两类书中的历史故事、自然知识、学术文化等方面的名言隽语、成语典故。此书审定精详，作风严谨。清光绪、民国间有多种印本。

035

《御定骈字类编》

年代 雍正五年（1727）

作者 （清）允禄等编

收藏单位 故宫博物院

清内府刻本，凡 240 卷。是书为词汇类书，收古代典籍骈字中的雅驯之词，以词头字义归类排比。所引诗文词句，必详著作者、题目，以便核查原文。是书专为作韵文、律诗者提供辞藻，供文人学者检索文辞典故及用例，是与《佩文韵府》相辅而行的词汇性类书。此外，还有清光绪年石印本。

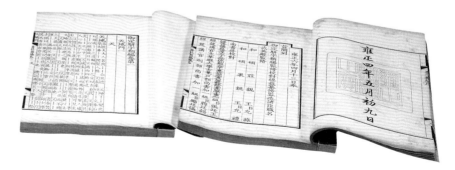

《古今图书集成》

年代　雍正六年（1728）

作者　（清）陈梦雷等初纂　（清）蒋廷锡等续纂

收藏单位　故宫博物院

　　内府铜活字印本，为现存最大的综合性类书。每部正文1万卷，目录40卷，分装5020册，共计520函，达1.6亿字。全书分为历象、方舆、明伦、博物、理学和经济6类，分32典、6109部。每部之下再按汇考、总论、图、表、列传、艺文等项依次叙述。采集广博，内容丰富，图文并茂，几乎囊括所有知识门类，被誉为"大清百科全书"。

《大义觉迷录》

年代　雍正八年（1730）

作者　（清）胤禛撰

收藏单位　故宫博物院

　　内府刻本，凡4卷。是书由雍正帝亲撰，真实记载曾静反清之始末，并借此批驳了吕留良指斥清的非正统思想和雍正帝的失德之论，阐述了其中外一家、华夷无别之主张。雍正帝敕令内府刊行并晓谕全国。乾隆帝登基即在全国收缴此书，并划为禁书之列，故此书存世稀少，弥足珍贵。

038

《维摩诘经》经版

年代　雍正十三年（1735）

收藏单位　故宫博物院

　　内府刻本，凡3卷。全名为《维摩诘所说经》，旨在阐说维摩诘所证之不可思议解脱法门，故又称《不可思议解脱经》。此经宣扬大乘佛教应世人俗的观点，主张不离世间生活，发现佛法所在，提倡"入不二法门"。

039

《世宗上谕儒释道三教》

年代　雍正十三年（1735）

作者　（清）胤禛撰

收藏单位　故宫博物院

　　内府刻本。此书汇集雍正皇帝有关儒、释、道三教的上谕，共8篇。是书阐述了雍正皇帝尊崇正统宗教，反对"邪说"，倡导儒、释、道三教同源且儒与释、道互为表里等主张，是研究雍正帝文教思想政策方面的重要史料。

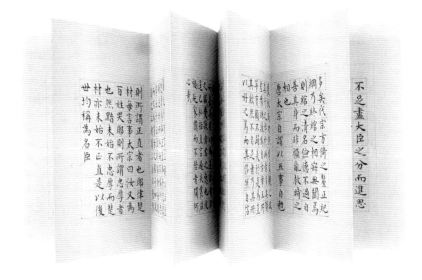

《御制日知荟说》

年代　乾隆元年（1736）
作者　（清）弘历撰　（清）陈邦彦书
收藏单位　故宫博物院

　　陈邦彦书写进呈袖珍本，凡 4 卷，便于皇上出巡携带。是书为乾隆帝践祚之前读书心得、体会、感想和见解，计 260 则。乾隆自诩其书包含了"道德性命之旨，学问政治之要，经传之渊源，古今之事迹"。

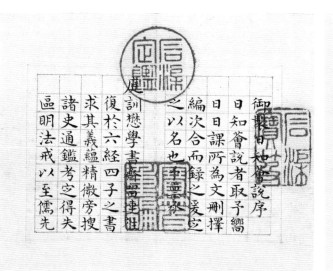

041

《高上玉皇本行集经》

年代　乾隆二年（1737）
收藏单位　故宫博物院

　　张照奉敕写内府刻本，凡三卷。简称《皇经》，是道教醮科经典中最重要的一部经书。主要讲述玉皇的来历，并正告读经的善男信女要重视此经。

042

《乐善堂全集》

年代　乾隆二年（1737）
作者　（清）弘历撰
收藏单位　故宫博物院

　　武英殿刻本，凡 40 卷，其中序 1 卷，目录 2 卷，跋 1 卷。是书为弘历在藩邸时期诗文作品的集结，集中显示了年轻皇子弘历的理想、抱负、情趣及闲适恬淡的心境，字里行间浸透着正统儒家的理念。

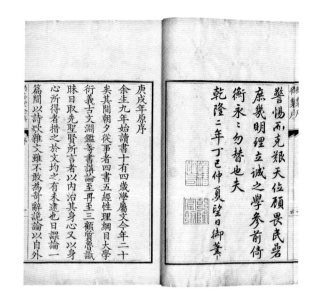

043

《大般若波罗蜜多经》

年代　乾隆三年（1738）
作者　（清）弘昼等编
收藏单位　故宫博物院

　　内府刻本，凡 7167 卷。清代官刻汉文大藏经，亦称《龙藏》、《清藏》。以明《北藏》、《南藏》为底本，增删而成。始刻于雍正十一年（1733），竣工于乾隆三年（1738）。共收录经、律、论、杂著 1666 种。

044

《御选唐宋文醇》

年代　乾隆三年（1738）
作者　（清）允禄等编
收藏单位　故宫博物院

　　武英殿五色套印本，凡58卷。是书共收录唐宋十大家之文章474篇。各家文章以书、序、论、记等分类编辑，唯有苏轼的上书、奏状、对策等篇目以撰写时间编次。书中还采录了各家评语，并引用正史或杂说加以考订，内容完备、权威，是清代最有影响力的唐宋散文选本。是书正文用墨色，康熙帝御评文字用黄色书于篇首，乾隆帝御评用朱笔写于篇后，前人评跋、相关人物的姓名事迹各用紫色、绿色分别印在篇末。全书色彩斑斓，为乾隆时期殿版套印书籍中的佳品。

045

《通典》

年代　乾隆十二年（1747）
作者　（唐）杜佑撰
收藏单位　故宫博物院

　　武英殿刻本，凡200卷。《通典》是我国第一部记载典章制度的通史。记事始于黄帝，终于唐玄宗天宝之末年，间及肃宗、代宗、德宗三朝。分为食货、选举、职官、礼、乐、兵、刑、州郡、边防九典，各冠总论，下系子目，凡1584条，正文约170万字，注文约20万字。

046

《钦定续通典》

年代　乾隆四十八年（1783）
作者　（清）嵇璜等奉敕编
收藏单位　故宫博物院

　　武英殿刻本，凡 150 卷。体例基本仿照杜佑《通典》，仅将《兵典》分为兵、刑二门，始于唐素宗至德元年（757），终于明崇祯十七年（1644）。

047

《皇清文颖》

年代　乾隆十二年（1747）
作者　（清）张廷玉等编
收藏单位　故宫博物院

　　武英殿刻本，凡 100 卷，其中首 24 卷，目录 6 卷。是书是一部大型诗文集，收录皇帝御制诗文 24 卷，以及宗室诸王诗文和臣子颂赋 100 卷。此书始于康熙，历经雍正、乾隆朝始编纂完毕。

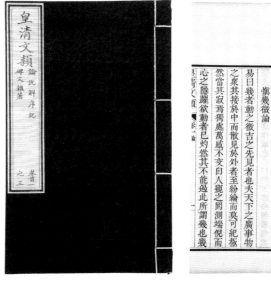
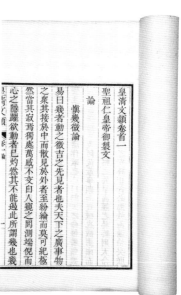

048

《御书妙法莲华经》

年代　乾隆十四年（1749）
作者　（后秦）鸠摩罗什译　（清）弘历书
收藏单位　故宫博物院

　　乾隆帝泥金写本。自康熙帝始，每月初一、十五及四月初八浴佛日，清帝常亲书《心经》一部。逢万寿、千秋等典礼，皇帝臣子也书写佛经。乾隆帝崇信佛经，一生抄写经文数百篇，尤其偏好抄写文字华美的《妙法莲华经》。《妙法莲华经》简称《妙法华经》、《法华经》。"妙法"意为所说佛法微妙无上，"莲华经"比喻经典的洁白清净，宣扬一切众生皆能成佛。乾隆御笔泥金写本，佛典、书法、装帧融为一体，是美妙绝伦的艺术珍品。

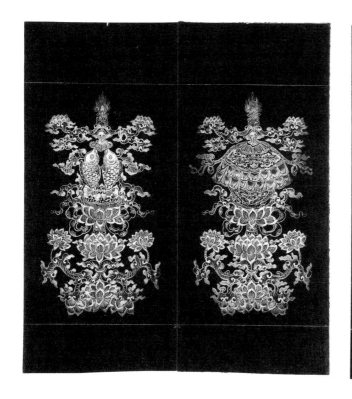

049

《钦定四库全书》

年代　清乾隆
作者　（清）纪昀等编
收藏单位　台北"故宫博物院"

　　内府抄本，凡 36381 册，3400 余种，79000 余卷。此书按照内容分经、史、子、集四部分，部下有类，类下有属，共 4 部 44 类 66 属，基本上囊括了中国古代所有图书，故称"全书"。乾隆皇帝命人手抄七部，分藏于全国各地。先抄好的四部分贮于紫禁城文渊阁、辽宁沈阳故宫文溯阁、圆明园文源阁、河北承德避暑山庄文津阁（即"北四阁"）；后抄好的三部分贮于扬州文汇阁、镇江文宗阁、杭州文澜阁（即"南三阁"）。

050

《御制五体清文鉴》

年代　清乾隆
收藏单位　故宫博物院

　　乾隆年内府精写本，凡 36 卷。此书是在《御制清文鉴》的基础上增加蒙汉藏维文而成的清代第六部官修分类词典。

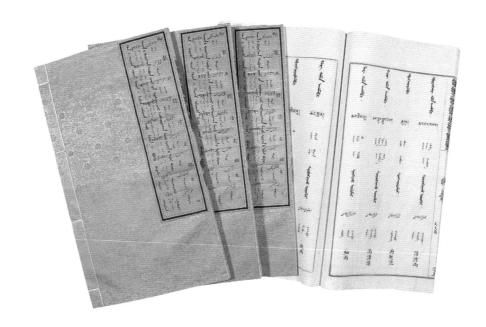

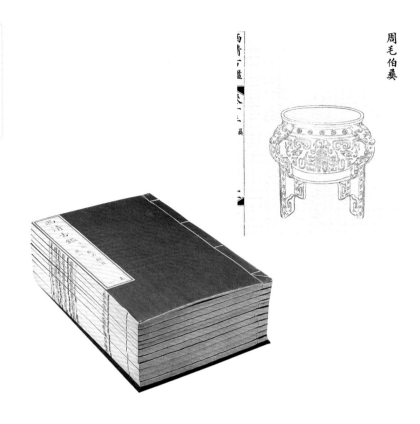

《西清古鉴》

年代　乾隆二十年（1755）

作者　（清）梁诗正等纂

收藏单位　故宫博物院

武英殿刻本，凡 40 卷，附《钱录》16 卷。是一部著录清代宫廷所藏古代青铜器的大型谱录。仿宋《宣和博古图》、《考古图》二书，收录内府所藏青铜器 1529 件。

《杨廷璋书菩提叶心经》

年代　乾隆三十二年（1767）

作者　（唐）玄奘译

收藏单位　故宫博物院

凡一卷。是经为杨廷璋任两广总督时进呈乾隆皇帝的，卷末跋文详细叙述了菩提叶的产地、加工、性状及进呈之事。因其书写材质为菩提叶，尤为珍贵。乾隆皇帝甚为喜爱，于乾隆三十三年（1768）也用菩提叶书写《心经》一部。

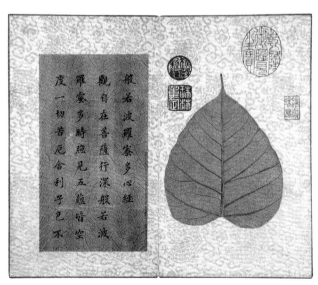

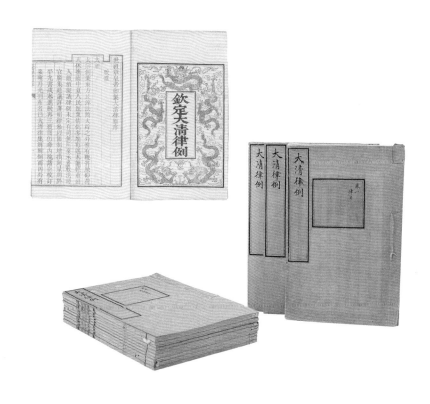

053

《钦定大清律例》

年代　乾隆三十三年（1768）
作者　（清）刘统勋等纂
收藏单位　故宫博物院

　　武英殿刻本，凡47卷。《大清律例》始修于
顺治二年（1645），至乾隆五年（1740）完成。此
为在乾隆六年（1741）武英殿刻本的基础上于乾
隆三十三年（1768）所作的增修本。此次增修，
436条基本律条没有变化，重点是增修了1456条
例条，末附比引律条和秋审条款。

054

《御批历代通鉴辑览》

年代　乾隆三十三年（1768）
作者　（清）傅恒等撰
收藏单位　故宫博物院

　　武英殿刻朱墨套印本，凡160卷。清高宗在
亲撰序言内提到纂修此书的起因，认为"皇祖"
《御批通鉴纲目》虽可"垂教后世"，但却未改动旧
史之文，"故命儒臣纂《历代通鉴辑览》一书，尽
去历朝臣各私其君之习而归之正"。是书编年纪事，
上起太昊伏羲氏，下迄明代，清高宗亲作御批。

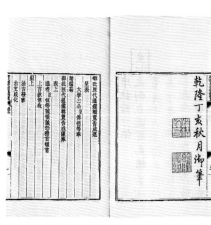

《甘珠尔》

年代　乾隆三十五年（1770）
收藏单位　故宫博物院

　　内府泥金写藏文本，凡108函。乾隆三十五年（1770），乾隆为庆祝其生母崇庆皇太后八旬万寿，特颁旨以康熙八年（1669）写本为祖本御制经书《甘珠尔》。

《平定准噶尔方略》

年代　乾隆三十五年（1770）
作者　（清）傅恒等编
收藏单位　故宫博物院

　　内府刻本，凡172卷。该书卷帙浩繁，内容翔实，史料丰富，是康雍乾三朝平定准噶尔叛乱的纪事本末体史书，以满汉两种文字刻印，是研究清代西北民族史的重要文献。

《御制满汉蒙古西番合璧大藏全咒》

年代　乾隆三十八年（1773）

作者　（清）若必多吉译

收藏单位　故宫博物院

　　内府刻满汉蒙藏文本。此书主要为规范《大藏经》中咒语音韵而编。章嘉国师将《汉文大藏经》中选录的所有咒语，以《钦定同文韵统》为准详加考订，并以藏文音韵为准，参照蒙古文音韵，逐句标注了满文对音字。此书为满文翻译《大藏经》打下了基础。

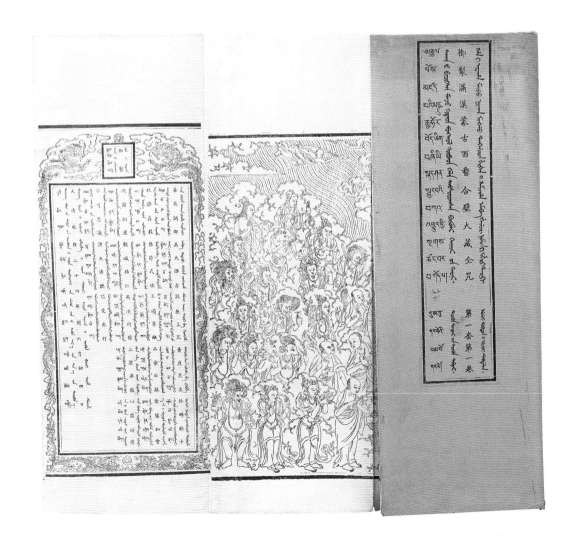

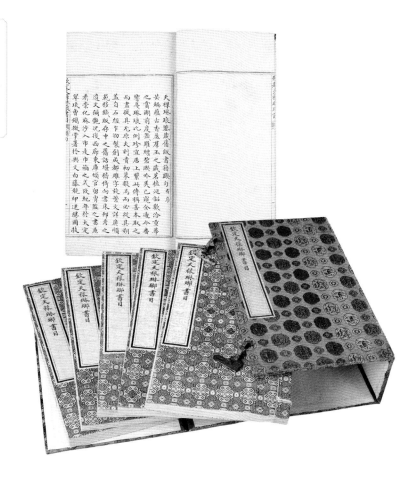

《钦定天禄琳琅书目》

年代 乾隆四十年（1775）
作者 （清）于敏中等编
收藏单位 故宫博物院

内府朱格抄本，凡10卷。是书为官修善本书目，以版本时代为纲，分为宋版、金版、宋抄、元版、明版等类；同时代者再依经、史、子、集四部为序。版本类型之下，"同一书而两椠均工，同一刻而两印俱妙者俱从并收"，突出了版本目录的特点。著录项目除书名、提要外，还有"函册"和"阙补"两项，并收载藏书印，此皆为新创。

《钦定满洲源流考》

年代 乾隆四十二年（1777）
作者 （清）阿桂等编
收藏单位 故宫博物院

武英殿刻本，凡20卷。此书以满洲为纲，主要从历史、地理、政治、经济、文化及风俗习惯等各个方面考证了满族的源流发展。有满文精写本和武英殿刻本两种版本。

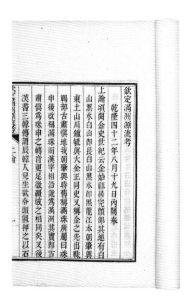

060

《明史本纪》

年代 乾隆四十二年（1777）
作者 （清）张廷玉等修 （清）英廉等改订
收藏单位 故宫博物院

　　武英殿刻本，凡 24 卷。《明史》为纪传体断代史，始修于康熙十八年（1679），续修于雍正二年（1724），告竣于乾隆四年（1739）。乾隆四十二年（1777），对《明史》进行修订。是年五月十三日，乾隆谕旨：《明本纪》纪事每多讳饰，偏徇不公。乃敕令英廉等将《明史本纪》原本逐一考复添修，其中对蒙古人名、地名音译给予统一考订。

061

《东观汉记》

年代 乾隆四十二年（1777）
作者 （汉）刘珍等撰 （清）杨昌霖等辑
收藏单位 故宫博物院

　　武英殿聚珍版本，凡 24 卷 8 册。我国最早的官修史书，可以补正《后汉书》颇多缺失之处。但原书已亡佚，从《永乐大典》辑出。乾隆时修《四库全书》，馆臣杨昌霖等以姚辑本为基础，参以《永乐大典》诸韵所载，又旁考其他各书，补其缺失，所增达十分之六，厘定为 24 卷，其中包括帝纪 3 卷、年表 1 卷、志 1 卷、列传 17 卷、载记 1 卷、佚文 1 卷，刊入《武英殿聚珍版丛书》。该辑本比姚辑本完备，但仍有一些脱漏，如《稽瑞》、《开元占经》、《事类赋》、《记纂渊海》等书所引的某些条目没有采入。由于辑者使用的《北堂书钞》是陈禹谟的窜改本，所以被陈禹谟删去的《东观汉记》条目，该辑本也没有收录。

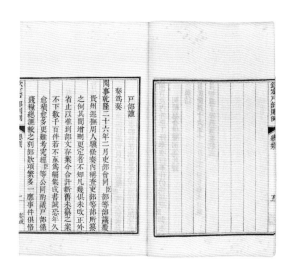

《钦定户部则例》

年代　乾隆四十六年（1781）
作者　（清）于敏中等纂
收藏单位　故宫博物院

　　武英殿刻本，凡126卷，卷首1卷。户部乃六部中管理全国户籍、钱粮、税收、漕运等的重要部门。《户部则例》是户部所属各司办理有关钱、粮等诸事的各项规定。始修于乾隆二十六年（1761）。此后，每5年续修一次。

063

《旧五代史》

年代　乾隆四十九年（1784）
作者　（宋）薛居正等撰　（清）邵晋涵辑补
收藏单位　故宫博物院

　　武英殿刻本，凡 150 卷。邵晋涵（1743—1796），
字二云，浙江余姚人。清代著名经学家、史学家。
任四库馆纂修官，主持辑补的《旧五代史》被公
认为最好的一种。

064

《清文翻译全藏经》

年代　乾隆五十五年（1790）
作者　（清）若必多吉译
收藏单位　故宫博物院

　　内府刻朱印本，凡 108 函，收经 669 部，凡
2466 卷。是经始刻于乾隆三十八年（1773），乾隆
设清字经馆于西华门内，命章嘉国师若必多吉总
领其事，历经 17 年方告竣。

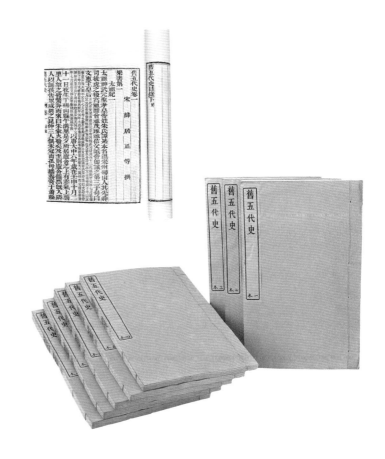

065

《清文翻译全藏经》经版

年代　清乾隆
收藏单位　故宫博物院

梨木经版，双面雕刻。版画书版，毫末毕现，刊刻技艺精湛。四周披麻糅漆，彰显皇家气派。

066

《御笔十全记》

年代　乾隆五十七年（1792）
作者　（清）弘历撰
收藏单位　故宫博物院

高宗弘历墨笔楷书写本。乾隆五十七年（1792），83岁的乾隆皇帝因允准廓尔喀国王修贡停兵议和，亲撰《十全记》，记述执政以来的"十全武功"，并敕令军机大臣将此文缮写满汉蒙藏四种文字，以昭其武功。乾隆帝也因此自诩为"十全老人"。

067

《四海升平》

年代 乾隆六十年（1795）

收藏单位 故宫博物院

　　南府抄本，安殿本。安殿本是提供给皇帝、后妃们的戏曲本子，又称"净本"。《四海升平》是节令承应戏。剧本取材于乾隆五十七年（1792）马戛尔尼使华之事。剧本借文昌帝之口叙说英吉利仰慕中华，派使臣远涉重洋赴清朝拜，幸得圣天子洪福庇佑得以抵讫。文昌帝引天神天将、金童玉女等齐至庆贺，并降服众水怪，于是风平浪静，四海升平。此剧突出了四方来贺，宣扬了大清帝国抚驭万邦的威名。

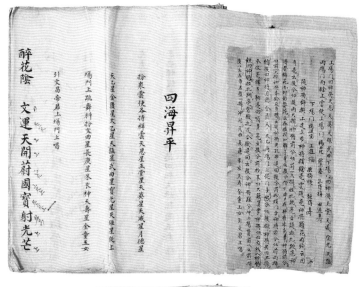

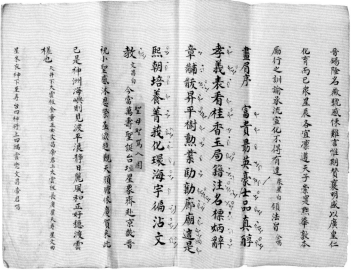

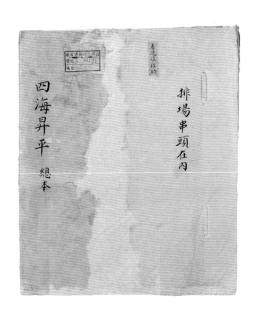

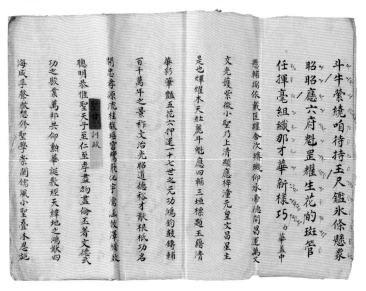

068

《大宝积经无量寿如来会》

年代　清乾隆
作者　（唐）三藏法师、（唐）菩提流志译
收藏单位　故宫博物院

　　戴衢亨进呈写本，凡一卷。此经为宝积部的
《无量寿如来会》，亦称《无量寿经》，是汉传佛教
净土宗所依三部经之一。

069

《佛说大阿弥陀经》

年代　清乾隆
作者　（宋）王日休校辑
收藏单位　故宫博物院

　　于敏中进呈写本，凡一卷。此经为王日休据
不同传本《无量寿如来会》校勘辑佚而成，单经
传世，弥足珍贵，后收入《大藏经》。

《平定西域得胜图》

年代　清乾隆
作者　[意] 郎世宁等绘　[法] 柯升等刻
收藏单位　故宫博物院

　　铜版画，凡 16 张。此图主要讲述的是乾隆二
十年至二十六年（1755—1761），清军平定准噶尔
部和大小和卓叛乱的 16 场战役。由郎世宁、王致
诚、艾启蒙、安德义绘制。由法国宫廷良匠柯升、
勒巴等人制成铜版。前后历经 11 年方竣工。后把
印成的铜版画、原铜版及原画稿均送回清廷。

《万年书》书版

年代　清乾隆
收藏单位　故宫博物院

　　武英殿刻本，凡 12 卷。钦天监每年都会编写
第二年的历法。是书分春夏秋冬 4 册，每册 3 卷，
每卷为 1 个月，共计 12 个月 12 卷。此版为刻好
但未曾刷印的白版。

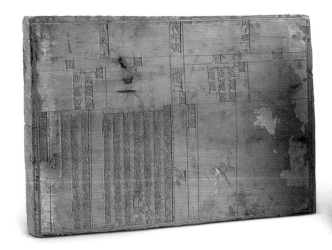

（三）清末文辉

072

《皇清职贡图》

年代　嘉庆十年（1805）

作者　（清）傅恒等编

收藏单位　故宫博物院

　　武英殿刻本，凡9卷。是书为乾隆二十八年（1763）《皇清职贡图》的增补本，绘制了朝、日、英、法、俄及中国新疆、西藏、陕、甘、闽、蜀等中外各地各民族的男女图像，并附插图600多幅。每幅图像皆附有简短文字说明，叙述各国、各民族的历史风俗等。此新版在其后增补了安南官人像4幅，并附有嘉庆十年（1805）乙丑仲冬御制识语。

073

《东皇布令》

年代　清后期

收藏单位　故宫博物院

　　升平署朱墨抄本，库本。库本乃演员们训练时所使用的工作脚本，对上场角色的行头等都有所记载。相对安殿本，库本可以修改，装订粗糙。用毕入升平署收藏，故称"库本"。《东皇布令》为月令承应戏上元承应剧目之一。剧本写正月十五日，东华帝君"驾云车，驱风驭，临下界，到帝居降祥散福"，赞美"大清国土主圣民安，嘉祥协庆"。

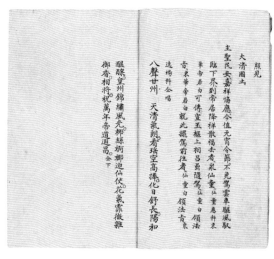

074

《治平宝鉴》

年代　同治元年（1862）
作者　（清）张之万等纂
收藏单位　故宫博物院

　　南书房进呈朱格写本，凡 20 卷。是书为慈禧太后于垂帘听政后敕令大臣将历代帝王政治及垂帘事迹汇纂进呈，以从中找到垂帘听政的历史依据，提升从政能力。书中以朝代为序，选录汉唐以来帝王政治及母后临朝事迹，择其可法可戒者，不假修饰，据史直书，汇为一册，恭录进呈。慈禧太后听政之暇，由军机大臣轮班召对，隔帘侍讲，大有裨益于其为政。

075

《筹办夷务始末》

年代　同治六年（1867）
作者　（清）贾桢等编
收藏单位　故宫博物院

　　内府朱格抄本，凡 80 卷。是书内容始于道光三十年（1850）正月二十三日，迄咸丰十一年（1861）七月初十，涵盖三朝，共计十一年又七个月。凡上谕、廷寄、内阁、军机大臣、内外臣工奏折及中外往来照会等有关涉外者，均编年纪月，按日详载。计收谕折、照会等 2988 件，约 200 万字。

二

内府修书

（一）修书机构文物

076

"国史馆之关防" 印印面

年代　清中期

收藏单位　故宫博物院

国史馆是清代常设修史机构，原在午门内熙和门西南，后移于东华门北侧宫墙内。最早于康熙二十九年（1690）设，掌监修《明史》、《清史》，有总裁、清文总校、提调、总纂、纂修、协修等官。此关防印为木质包铜，铜柱纽，阳文篆字，一行汉文，一行满文。

077

碧玉御笔《开国方略序》册

年代　清中期

收藏单位　故宫博物院

方略馆为清代编纂方略等官修书的机构，隶属于军机处，设于紫禁城内隆宗门之外。康熙平定三藩后，于康熙二十一年（1682）下谕设馆编纂《平定三逆方略》，是为方略馆缘起。最初书成即撤。乾隆十四年（1749）二月对金川用兵结束，奏准重开方略馆，纂修《平定金川方略》后，遂成常设机构。宣统三年（1911）四月，方略馆与军机处同时裁撤。此序册为碧玉所制，乾隆皇帝御笔作序。

078

会典馆书库及进出牌照书版

　　会典馆坐落在文华殿东桥北三座门内。是清代负责编纂会典的机构，由皇帝发布特旨而开设，属于非常设之馆，书成即行裁撤。图为会典馆书库及进出牌照书版。

079

武英殿

　　位于外朝熙和门以西。康熙十九年（1680）于武英殿设造办处负责修书，雍正七年（1729）改名为"修书处"，隶属于内务府。武英殿修书处主要负责内府敕修书籍的校勘、刻印和装潢。

080

铁"咸安宫记"牌

年代　清
收藏单位　故宫博物院

　　咸安宫位于武英殿以西，1912年遭火灾而被焚毁。今建筑为储存古物陈列所文物的宝蕴楼。《宸垣识略》载："尚衣监，在武英殿之西。内殿宇二层，今为清字经馆。"尚衣监本来是一组独立的建筑，咸安宫建成后，改设在咸安宫的东西配殿内。清字经馆为将《大藏经》翻译成满洲文字之处。据《啸亭续录》卷一载，乾隆三十七年（1772），高宗以佛教《大藏经》已有西藏文、汉文、蒙古文等诸种翻译，然禅悟深邃，汉译藏经中之咒偈虽代有翻切，并未得其密旨，而满洲之文，句意明畅，反可得其三昧，故设清字经馆于西华门内，命章嘉国师综理其事，达天、莲筏诸僧助之。先后十余年，《大藏经》告成，四体字经始备。经版初存于馆中，后因清字经馆改为实录馆，遂移其版于五凤楼。

（二）修书人员

081

毛奇龄与朱彝尊合像

年代　清中期

作者　（清）朱鹤年

收藏单位　故宫博物院

　　此图乃朱鹤年临摹罗聘为两位学者所绘肖像而成。图中二人并肩站立，有玉树临风之仪。毛奇龄和朱彝尊均于康熙十八年（1679）举博学鸿词，授翰林院检讨，参修《明史》。

082

汪琬像

　　汪琬（1624—1691），字苕文，号钝翁，初号玉遮山樵，晚号尧峰，小字液仙，长洲（今江苏苏州）人。与侯方域、魏禧合称"明末清初散文三大家"。顺治十二年（1655）进士，任户部主事、刑部郎中等官。康熙十八年（1679）举博学鸿词，授翰林院编修，参修《明史》。后乞病归，有《尧峰文钞》、《钝翁类稿》等行世。

陈维崧像

陈维崧（1625—1682），字其年，号迦陵，江苏宜兴人。宜兴古名阳羡，故世称其词为"阳羡派"，陈维崧则被尊为领袖。康熙十八年（1679）举博学鸿词，授翰林院检讨，参修《明史》。

叶方霭像

叶方霭（1629—1682），字子吉，号讱庵，江苏昆山人。康熙年间为经筵讲官、内廷供奉、掌院学士、礼部侍郎、鸿博阅卷官等。先后出任《鉴古辑览》、《皇舆表》、《明史》总裁。康熙二十一年（1682）病卒，谥"文敏"。留有《读书斋偶存稿》等。

徐乾学像

徐乾学（1631—1694），字原一、幼慧，号健庵、玉峰先生，清代大臣、学者、藏书家。江苏昆山人，顾炎武外甥，与弟元文、秉义皆官贵文名，人称"昆山三徐"。康熙二十一年（1682），充《明史》总裁官。二十四年（1685），充《大清会典》、《大清一统志》副总裁。著《憺园集》、《虞浦集》、《词馆集》等。家有藏书楼"传是楼"，乃中国藏书史上著名的藏书楼。

 086

宋荦像

年代　清
作者　（清）万上遴
收藏单位　故宫博物院

　　宋荦（1634—1714），字牧仲，号漫堂、西陂、绵津山人，晚号西陂老人、西陂放鸭翁，河南商丘人。康熙时任江苏巡抚、吏部尚书等官职。

087

万斯同像

万斯同（1638—1702），字季野、号石园，门生私谥"贞文先生"，浙江鄞县（今宁波市鄞州区）人。师事黄宗羲，清初著名史学家。平生淡泊名利，康熙间荐博学鸿词科，屡辞不就。精史学，以布衣应召，参与编修《明史》，稿多出其手。前后十九年，不署衔，不受俸。著有《历代史表》、《纪元汇考》、《儒林宗派》、《群书疑辨》、《石园诗文集》等。

088

汪懋麟像

年代　清
作者　（清）禹之鼎、（清）恽寿平
收藏单位　故宫博物院

此画由禹之鼎绘制人物，恽寿平补绘背景。汪懋麟席地而坐，把玩文玩真品，云海缥缈，碧松苍翠，意境高雅。汪懋麟（1640—1688），字季角，号蛟门，晚年号觉堂，扬州江都（今江苏扬州）人。康熙六年（1667）进士，充任《明史》纂修官。

高士奇像

年代　清

作者　（清）禹之鼎

收藏单位　故宫博物院

　　高士奇（1645—1704），字澹人，号瓶庐，又号江村，浙江钱塘（今浙江杭州）人。能书善画，精于鉴赏，淹通经史。为康熙赏识，一生为康熙所重。康熙三十三年（1694），清廷设馆纂修《明史》，高士奇奉诏进京，参与修书。

090

和素像

年代　清中期
收藏单位　故宫博物院

　　绢本，设色，无作者款识。上有张英、励杜讷、孙宝宪及和素本人题记。和素题曰："四十有五，年尚未老。缅想从前，过多功少。尔形方健，尽可自好。无忝所生，敬奉斯道。康熙三十四年仲冬吉日。和素自题。"和素（1652—1718），字存斋、纯德，完颜氏，清康熙年间满洲人，隶属内务府镶黄旗。御试清文第一，赐"巴克什"号，充皇子师傅、翻书房总裁，累官至内阁侍读学士，是清代著名满文翻译家。

091

赵执信像

　　赵执信（1662—1744），字伸符，号秋谷，晚号饴山老人、知如老人，清代诗人、诗论家、书法家。青州府益都县颜神镇人（其家乡后于雍正十二年［1734］改为博山县，系今天山东省淄博市博山区）。康熙十八年（1679）进士，授翰林院编修，后任《明史》纂修官。后因佟皇后丧葬期间观看洪昇所作《长生殿》戏剧，被劾革职。此后五十年间，终身不仕，徜徉林壑。作为清初的一位著名现实主义诗人，提出了一套较为完整的诗歌理论，主张"诗之中要有人在"，"诗之外要有事在"，"意为主，以语言为役"，等等，著有《饴山堂诗文集》、《谈龙录》等。

092 蒋廷锡行书五言联

年代　清
作者　（清）蒋廷锡
收藏单位　故宫博物院

　　蒋廷锡（1669—1732），字扬孙，一字酉君，号南沙、西谷、青桐居士，江苏常熟人。康熙四十二年（1703）进士，雍正年间曾任礼部侍郎、户部尚书、文华殿大学士、太子太傅等职。博学广识，精于典章。雍正年被任命为《古今图书集成》总裁、续纂《大清会典》副总裁和《圣祖仁皇帝实录》总裁。同时工书善画，此副对联乃其传世佳作。

093

《塞外花卉图》轴

年代　清康熙

作者　（清）蒋廷锡

收藏单位　故宫博物院

　　蒋廷锡是清朝康熙、雍正年间著名的花鸟画家。清初恽寿平在花鸟画坛起衰之后，蒋廷锡学其没骨画技，变其纤丽之风，开创了根植江南、倾动京城的"蒋派"花鸟画。此图是蒋廷锡 36 岁所作的写生花卉，生动地刻画了塞外 66 种各色花草。

094

《御制题画诗》册

年代　清乾隆

作者　（清）弘历著　（清）刘统勋书

收藏单位　故宫博物院

　　刘统勋（1698—1773），字延清，号尔钝，山东诸城人。雍正二年（1724）中进士，历任刑部尚书、工部尚书、吏部尚书、内阁大学士、翰林院掌院学士及军机大臣等要职。曾担任过四任会试主考官，充《四库全书》正总裁。为政 40 余载清廉正直，敢于直谏，政绩显著。乾隆三十八年（1773）猝逝于上朝途中，乾隆皇帝闻讯慨叹失去股肱之臣，追授太傅，谥号文正。此部诗册册计有 2 册，24 开。所录内容为清高宗弘历的题画诗。据款记看，是其在乾隆十七年（1752）任军机处行走时所作。书法娴熟，行笔流畅，是其书法杰作。

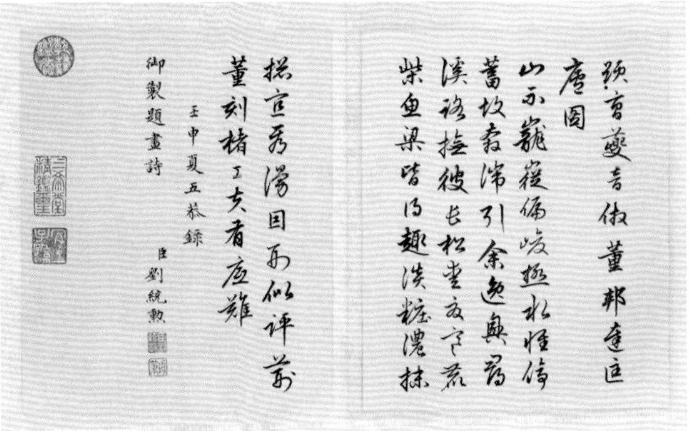

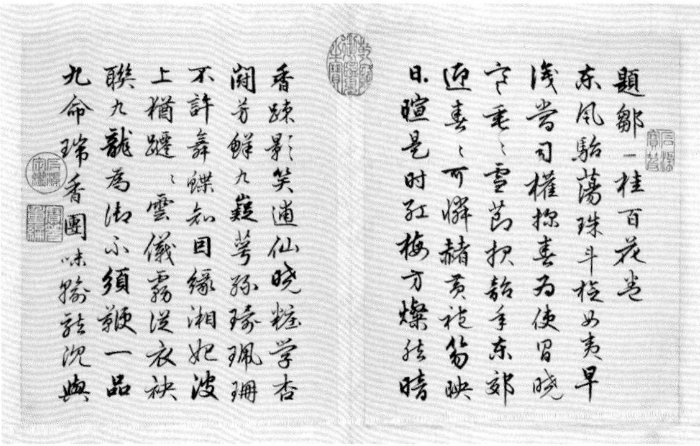

題鄒一桂百花卷
東風駘蕩珠斗栏以夷旦
淺嘗司權探喜為使冒晚
空毛～雪萼扐詒奉東郊
迨喜～可憐赭貢袍映
日暄凰时紅梅方燦捕暗

香疎影笑逍仙晚糚学杏
閑芳鮮九難尊孫琇珊
不許舞蝶知囙緣湘妃波
上猶雛～雲儀霧浥衣袂
聯九龍為御亦须�一品
九命瑞香圓味翰話沈典

御製題畫詩
壬申夏五栞錄
臣刘統勳

頖言愛言倣董邦達迴
唐圆
山示籠簇備峻林煙傳
蔓坡叢沸引余逸奥莴
溪彼披彼去松坌虆荒
紫鱼柒皆乃趣浃糚濃抹
揣宜為湯目而似評苦
董刘楮工亥看庭難

紫閣元勳

095

阿桂像

年代　清光绪
作者　（清）沈贞
收藏单位　故宫博物院

　　阿桂（1717—1797），章佳氏，字广廷，号云崖，满洲正白旗人。累官至武英殿大学士、兵部尚书、军机处行走。清乾隆三十八年（1773）被任命为定西将军，率领丰升额、明亮等官兵一举平定金川之乱。后奉敕主持编纂《平定两金川方略》和《皇清国方略》。以军功被乾隆皇帝敕郎世宁绘其像并悬于紫光阁，以示嘉奖。此图为光绪朝宫廷画家沈贞依据紫光阁内阿桂画像绘制的摹本。

096

阿桂书《御制天地之道恒久而不已也论》册

年代　清乾隆
作者　（清）弘历撰　（清）阿桂书

　　是作录乾隆皇帝御制《天地之道恒久而不已也论》一文，末尾署款"臣阿桂敬书"。通篇为馆阁体，书法工整。

097

纪昀像

纪昀（1724—1805），字晓岚，一字春帆，晚号石云，道号观弈道人。清代学者、文学家。学问渊博，长于考证、训诂。乾隆间辑修《四库全书》，任总纂官，并主持写定《四库全书总目》200卷，论述各书大旨及著作源流，考得失，辨文字，为代表清代目录学成就的巨著。官至礼部尚书、协办大学士。历雍正、乾隆、嘉庆三朝，享年82岁。因其"好学可为文，授之以政无不达"（嘉庆帝御赐碑文），故卒后谥"文达"，世称"文达公"。

098

纪昀书弘历西旅归诚诗册

年代　清乾隆
作者　（清）纪昀
收藏单位　故宫博物院

纸本，乌丝栏。款署"臣纪昀拜手稽首敬跋"。钤"臣"、"昀"二印。钤鉴藏印"宝蕴楼藏"二方。作品书乾隆皇帝《御制将军鄂辉等奏巴勒布归顺实信并班师回藏事宜诗以志事》七言诗一首。诗后有纪昀跋语一则，赞美皇上以50余年的卓越武功使国家"边圉敉宁"（边境安定），百姓长享太平之福。点画遒美规整，精能工稳，具有馆阁体书法"乌"、"方"、"光"的特点，但千字一面，笔墨缺少变化。

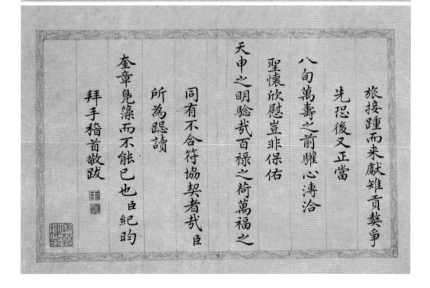

国初傅神华希逸冠也晚出帐
入室移我江南六月天水竹风
荷泻明瑟玲珑碧树秋未已
觉流光向人疾流光无情鬓欲改
霜十年鸥蟹花间堂冠时方壮
笔力锐曾此尘解丹青囊玉梅
庶几音尘者我点残书送唇晚
镜裹容颜各老苍送中绡素犹
完好旧图风景忽成新一笑庐
山而目真萍踪会有重来候
此画他年复成禧
乾隆乙巳 皇六子自题

099

永瑢像

年代　清中期
作者　（清）华冠
收藏单位　故宫博物院

　　永瑢（1744—1790），乾隆帝第六子，号西园
主人、九思主人。诗书皆善，并通天算。于乾隆
三十八年（1773）领衔主持《四库全书》编纂工
作。卒于乾隆五十五年（1790），谥为"庄"。

100

永瑢书弘旿诗卷

年代　清
作者　（清）永瑢
收藏单位　故宫博物院

　　永瑢是一位颇负盛名的书法家，他与翁方纲、刘墉、铁保被誉为乾嘉朝"四大书家"。其书法远学唐人徐浩。此作先抄录其叔瑶华道人弘旿所作吟咏桂花之诗四首，复依此韵作诗一首，请正于弘旿。两者皆以行楷写就，行笔流畅，　气呵成，实乃书法上乘之作。后附题大觉寺诗一首，乃乾隆孙绵恩所书。后人将二者合装为一卷。

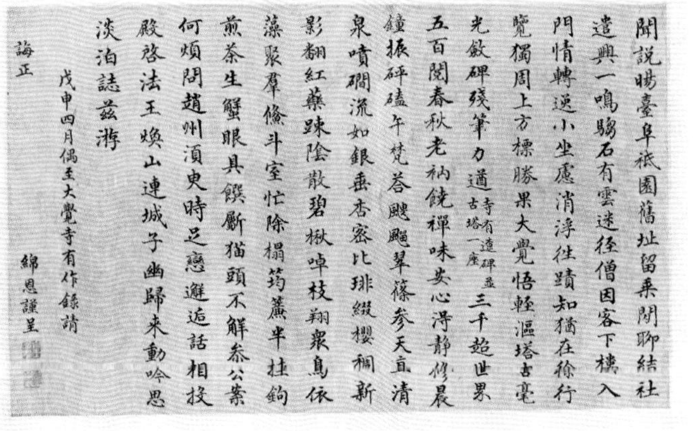

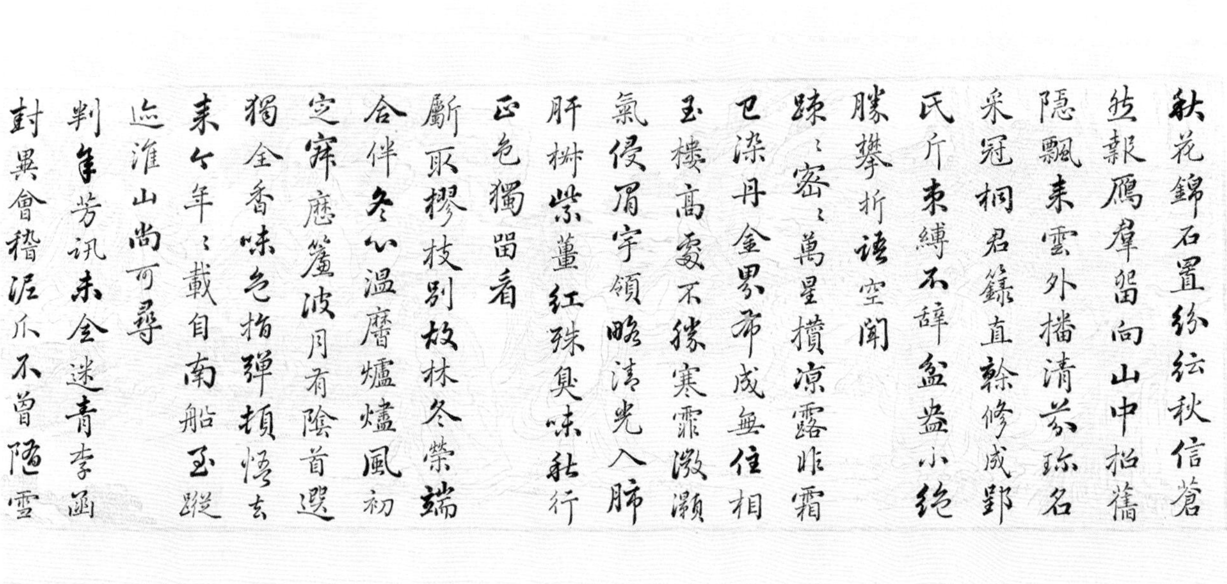

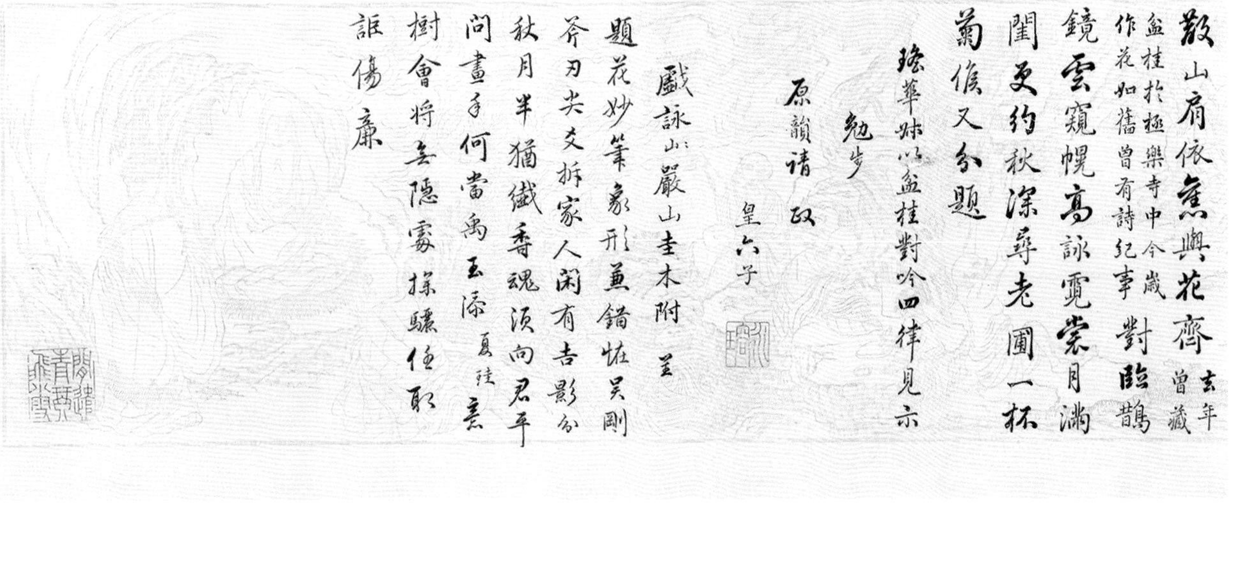

（三）特色修书

101

《钦定四库全书简明目录》

年代　清乾隆
作者　（清）纪昀等编
收藏单位　故宫博物院

　　卷轴装，凡四卷。仿宋式盘绦纹织锦包首，镶嵌青玉轴头，淡绿、浅黄双色绫天头，洒金笺引首，浅黄色绫隔水，海水江崖杂宝纹轴带，上端系青白玉别。自左至右为一束，分为四卷，合装于一红木盒内。

102

《般若波罗蜜多心经》

年代　清
收藏单位　故宫博物院

　　梵夹装，清内府汉满蒙藏四体合璧泥金写本。整部经外包一明黄色地五彩祥云团龙织锦包袱，内包明黄色地云纹暗花缎经衣，由五色经锁铜镏金捆扎。经书又裹上下两层经版，外层上下各一块木质朱漆描金卷草纹经版，正面有梵文。内层上下各一块经版，在木胎上裱磁青纸，其内侧凹入部分彩绘佛像，覆盖五色经帘三层。

《御定仿宋相台岳氏本五经》

年代　乾隆四十八年（1783）

作者　（宋）岳氏编

收藏单位　故宫博物院

　　包背装，武英殿刻本，凡96卷，附考证。蓝
地洒金绸书衣，仿金粟山藏经纸书签，上楷书书
名。洒金绸包裹书背。此书为昭仁殿大火后，乾
隆帝命按宋本版式翻刻，基本保持了原风格，连
历代藏书印都无一遗漏，翻刻技艺高超。

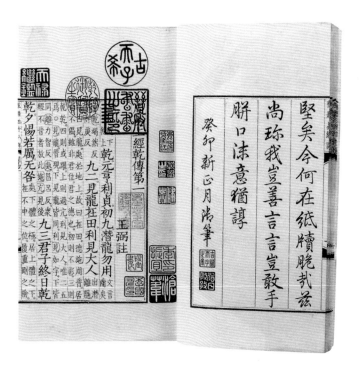

104

《三昧水忏法》

年代　康熙五十二年（1713）

作者　（唐）释如玄

收藏单位　故宫博物院

经折装，凡三卷。明黄色地缠枝团龙纹织金锦经衣，以五色团寿云蝠纹织锦六合套装。外由紫檀木云纹书别系五彩经锁捆扎。

105

《御制律吕正义》

年代　雍正元年（1723）

作者　（清）允祉、（清）允禄等编

收藏单位　故宫博物院

内府铜活字印本，凡五卷。清康熙帝钦定之书。康熙帝对音乐具有浓厚的兴趣并曾加以研究，特于五十二年（1713）在蒙养斋立馆诏修律吕诸书，广求海内畅晓乐律者，越一年余完成。在编纂《律吕正义》一书时，康熙帝亲自审定古今尺度，制十二正律以和八音，确定黄钟律管之长，制定出不同于明代的清宫律吕制度。《律吕正义》共五卷，上编二卷曰《正律审音》，讲管音、弦音律度，多算律方面问题；下编二卷曰《和声定乐》讲钟、磬、笛、箫、琴、瑟等各种乐器制作理论；续编一卷曰《协均度曲》，讲西洋五线谱基本用途。

106

《大悲心忏法仪轨经》盒

年代　乾隆三十四年（1769）
收藏单位　故宫博物院

　　贝叶夹装，墨笔四体写本。经盒为紫檀木质，盒面为戗金卷草纹饰及梵文，立墙饰戗金八宝图案及佛像数尊。是经长方形洒金纸散页，朱色双栏。彩绘佛像，每页按汉满蒙藏四体文字书写经文，经页各依文种注明页码。经书裹上下两块紫檀护板，上层护经板面上阴刻四体文字经名，填金漆，卜层为素面紫檀护经板。

107

《御笔题养正图诗》

年代　清乾隆
作者　（清）弘历
收藏单位　故宫博物院

　　清乾隆朝内府缂丝本，不分卷。此书缂织行书五言六句御制诗60首，系乾隆帝为《养正图解》所作诗篇。诗后附缂织玉玺，共122方。缂丝天鹿海水江崖纹书衣，朱漆花果纹书盒，盒面嵌铜质隶书"御笔题养正图诗"书名。盒内髹黑漆。

108

《御制西番古画十八应真赞》

年代　清乾隆
作者　（清）弘历
收藏单位　故宫博物院

　　经折装，彭元瑞洒金笺墨笔楷书写本。内容为乾隆皇帝对藏传佛教中十八罗汉的赞语。盛于檀香木雕镶嵌书盒中。盒面浮雕八吉祥图案，中间为隶书书名并填蓝彩，立墙雕刻花木纹饰。盒底部为须弥座式。檀香木材质珍贵，具有天然的馥郁之香，可驱虫避秽，有护书之效。

109

剔红《乾隆御书楞严经》方匣

年代　清乾隆

收藏单位　故宫博物院

　　天盖地式方形匣。通体髹黄、红二色漆，黄漆雕锦纹地，红漆雕人物景观。匣面长条形开光内雕"乾隆御书楞严经"，两侧雕流动不息的水纹，其余四面雕与佛教相关的人物、法器、景物。共刻画了131个形象。此匣髹漆厚，雕刻技艺精湛，呈现立体化。

110

《劝善金科》

年代　清乾隆

作者　（清）张照等撰

收藏单位　故宫博物院

　　武英殿刻五色套印本，凡20卷，首1卷。全书以红、蓝、黄、绿、黑五色套印而成。套印精准，印制精良，清晰悦目，利于阅读，兼具艺术性，是清代彩色套印技术的杰出代表。

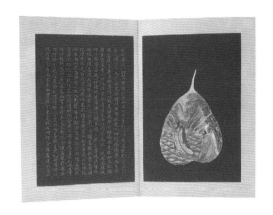

111

《菩提叶佛经彩绘本》

年代　清乾隆
收藏单位　故宫博物院

　　泥金写本，不分卷。此经左文右图，右为菩提叶彩绘。菩提彩绘图以挖裱形式镶在磁青笺中，共计18幅，工笔重彩，构图细腻，色彩艳丽。

112

铜镏金花丝镶嵌《文殊师利菩萨赞佛法身礼经》盒

年代　清
收藏单位　故宫博物院

　　铜镏金须弥托座，座上四隅各设铜镏金花牙，外罩铜镏金嵌松石、珊瑚盖盒。盒盖面以珊瑚、松石嵌三组寿字，盒立墙以珊瑚镶嵌团寿纹。此件经盒通体镏金并镶嵌青金石、松石、红珊瑚等名贵材料，镏金镶嵌工艺精湛。盒内藏密宗经典《文殊师利菩萨赞佛法身礼经》一卷，为清乾隆四十六年（1781）德勒克写汉满蒙藏四体合璧本。

三 内府藏书

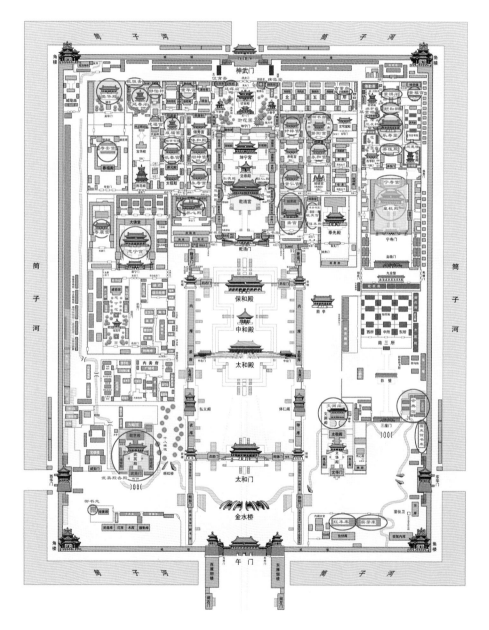

113

星罗棋布的清宫藏书处

"帝王敷治，文教为先。"清承续历代内府藏书的传统。通过接收前朝遗书、征集民间图书和自身修书等方式，汇集了大量图书。藏书处遍及紫禁城内外朝，比较著名的有昭仁殿的天禄琳琅藏书、摛藻堂的《四库全书荟要》、文渊阁的《四库全书》和《古今图书集成》等。是图反映的就是紫禁城星罗棋布的清宫藏书处。

（一）皇室宬

皇史宬

宬，指古代用于藏书的屋子。皇史宬是我国明清两代的皇家档案馆，又称"表章库"，位于北京天安门东边的南池子大街南口，始建于明嘉靖十三年（1534）七月，建成于明嘉靖十五年（1536）七月，占地8460平方米，建筑面积3400平方米。整个建筑与装修设计完美、做工精良、功能齐全、华贵耐用，不仅防火、防潮、防虫、防霉，且冬暖夏凉，温度相对稳定，极宜保存档案文献。此后，隆庆年间和清朝的嘉庆年间屡加修缮。

115

皇史宬正殿内景和金匮

　　皇史宬正殿全为整石雕砌，殿内大厅无梁无柱，南北墙厚均为 6 米，东西墙厚均为 3 米。地面筑有 1.42 米高的石台，其上排列 150 余个外包铜皮雕龙的樟木柜，叫"金匮"。柜体硕大沉重，开启时樟香四溢，主要收贮《实录》、《圣训》、《玉牒》等。

116

皇史宬排架图

年代　清

收藏单位　中国第一历史档案馆

　　清内府写绘本。明代皇史宬主要收藏《实录》、《宝训》和《永乐大典》副本。清沿明制，继续收藏"致治之权舆，万年之鸿宝"的《实录》、《圣训》、《玉牒》等。图示为金匮内各书摆放之情形。

117

《大清高宗纯皇帝实录》

年代　清

收藏单位　故宫博物院

　　《清实录》是清代历朝官修史料的汇编，内容涉及政治、经济、文化、军事、外交及自然现象等众多方面，是研究清代历史必须凭借的重要文献。《清实录》只有写本，一般缮写满汉文本各五部，蒙古文本四部。按照装潢和开本，汉文本分为小黄绫本一部、大红绫本二部、小红绫木二部，分别贮藏于内阁实录库、皇史宬、盛京皇宫和乾清宫。图示为大红绫本汉文《大清高宗纯皇帝实录》。

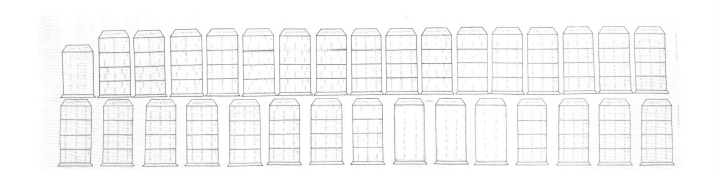

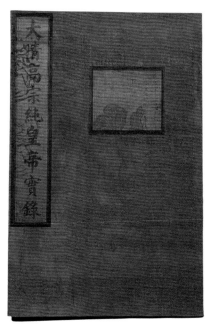

玉牒

年代　清

收藏单位　中国第一历史档案馆

　　《玉牒》为皇族之族谱。唐代即有，至宋为十年一修，沿用至清。清代玉牒自顺治十三年（1656）题准，每10年编续1次，在清代共编26次，民国后到1921年又修2次。清代玉牒以帝系为统，长幼为序。以朱书记生者，以墨书记逝者。宗室记于黄册，觉罗记于红册，各有满汉文本。分帝系、支系等。男女分记，各记有宗支、房次、封职、名字、生卒时间、母族姓氏等。清代玉牒现存1070册，是中国唯一完整、系统保存至今的皇族族谱。图为大小玉牒，大本纵90厘米，横51厘米；小本纵48厘米，横31厘米。

（二）天禄琳琅

119

昭仁殿

　　昭仁殿始建于明代，为乾清宫东侧小殿，是清代著名的善本藏室，主要收藏宋、元、明善本。乾隆皇帝依汉代宫中藏书天禄阁故事之意，题"天禄琳琅"悬于殿内。嘉庆二年（1797）乾清宫失火，昭仁殿"天禄琳琅"藏书亦遭焚毁。次年重建此殿。

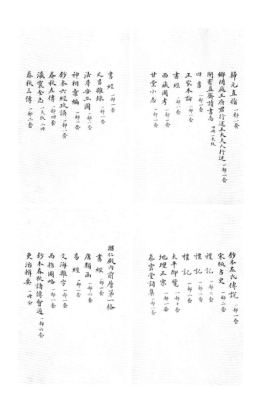

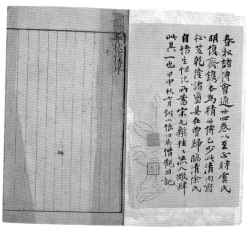

120

《昭仁殿陈设档案》

年代　乾隆四十一年（1776）

收藏单位　故宫博物院

清代内务府每年都要对所辖的宫殿苑囿的陈设物品进行清点，清点的记录即为陈设档。陈设档是研究清代宫廷生活、恢复宫殿建筑、布置殿堂陈设的可靠依据，具有重要的史料价值。《昭仁殿陈设档案》是乾隆四十一年（1776）内府清点昭仁殿陈设物品的底账。

121

《春秋诸传会通》

年代　元

作者　（元）李廉辑

收藏单位　故宫博物院

虞氏明复斋刻本，凡24卷。辑宋代春秋学诸名家传注，以供世人参考。作者本人的见解作为按语亦条理分明，叙述得极为清楚，学术态度十分严谨。各册前均钤乾隆白文印"天禄继鉴"、朱文印"乾隆御览之宝"；尾钤"天禄琳琅"、"乾隆御览之宝"；卷末钤"五福五代堂宝"、"八徵耄念之宝"、"太上皇帝之宝"诸玺。

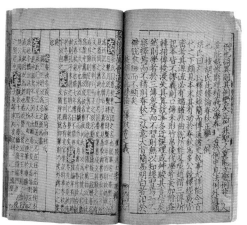

122

青玉蟠龙纽"五经萃室"印

年代 清乾隆

收藏单位 故宫博物院

乾隆征书时，得相台岳氏五经中的《周易》、《尚书》、《毛诗》、《礼记》，后又在"天禄琳琅"藏书里得到《春秋》，终成合璧，遂合贮于昭仁殿后楹内。乾隆皇帝题匾额"五经萃室"悬于室内。此玉为青玉材质，蟠龙纽，篆书，有嘉庆二年（1797）乾清宫火烧痕迹。

123

青玉交龙纽"五经萃室"印

年代 清嘉庆

收藏单位 故宫博物院

青玉材质，交龙纽，篆书。纽中有一孔，系黄色绶带。

124

紫檀《五经萃室记》围屏

年代　清乾隆
收藏单位　故宫博物院

　　昭仁殿火灾后一年，乾隆帝组织重建。善本重新汇集，室内匾额屏风均重新制作。此屏风即为复建时所制，一共六扇，此为第一扇。

碧玉《御制题五经萃室岳珂宋版五经》诗册

年代　清乾隆
作者　（清）弘历撰　（清）董诰书
收藏单位　故宫博物院

　　碧玉材质。共四页，一面为拓片，一面为碧玉。以玉版为册心，以书籍形式装裱，存于如意锦套内。

（三）四库七阁

126

文渊阁

文渊阁位于故宫博物院东华门内文华殿后，始建于乾隆三十九年（1774），建成于乾隆四十一年（1776），是紫禁城中最大的一座皇家藏书楼。阁内收藏有《四库全书》、《钦定古今图书集成》。

127

"文渊阁宝"印面

年代　清乾隆
收藏单位　故宫博物院

白玉材质，蛟龙纽，篆文。

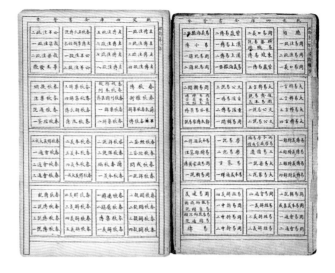

128

《钦定四库全书荟要分架图》

年代　清嘉庆
收藏单位　故宫博物院

　　内府写本，不分卷。《四库全书荟要》是《四库全书》的精华，共收录书籍20828卷，12000册，463种。依照《四库全书》式样，缮写两部：一部于乾隆四十三年（1778）完成，藏于紫禁城摛藻堂，后经历古物南迁，现存于台北"故宫博物院"；一部于乾隆四十五年（1780）完成，藏于长春园味腴书室，后毁于英法联军侵华。

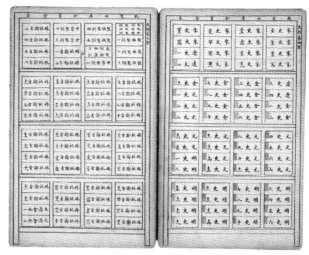

129

文津阁

　　文津阁位于避暑山庄西山脚下热河引渠的中间小岛上，建于乾隆三十九年（1774），是仿浙江宁波天一阁建造的。它不仅是清代的重要藏书之所，也是一处很有特色的小园林。文津阁内原藏《古今图书集成》《四库全书》等。辛亥革命后，《四库全书》运往北京图书馆，《古今图书集成》早年已被军阀盗卖净尽。

130

《御制文津阁作歌》扇

年代　清乾隆
作者　（清）弘历作　（清）董诰书
收藏单位　故宫博物院

　　文津阁是北四阁庋藏《四库全书》最晚的一阁。乾隆四十九年（1784）春，第四部《四库全书》誊录完毕，于次年春天先后分四批运至阁内。乾隆帝欣然挥毫写下《文津阁作歌》七言诗，阐明了文渊、文源、文溯、文津四个藏书阁的得名缘由，以及经史子集书成后各依春夏秋冬装潢的依据等。

131

文溯阁

　　文溯阁在辽宁沈阳故宫之西，建于乾隆四十七年（1782），专门储藏《四库全书》，另有《古今图书集成》。乾隆曾说："恰于盛京而名此名，更有合周诗所谓'溯涧求本'之义。"体现了乾隆皇帝不忘祖宗创业艰难、为后世子孙示"守文之模"的深意。文溯阁是七阁中藏书最完整而散佚较少的一阁。文溯阁《四库全书》现藏甘肃省图书馆。

132

白玉《御制文溯阁记玉册》

年代　清乾隆
收藏单位　故宫博物院

　　白玉材质，共八页，为单片装。文字为乾隆御笔描金楷书。首末两页雕有描金升降龙图案。

133

文澜阁

　　文澜阁位于浙江杭州西湖孤山南麓，由杭州圣因寺后的玉兰堂改建而成。初建于清乾隆四十七年（1782），次年建成，是清代为珍藏《四库全书》而建的七大藏书阁之一，也是江南三阁中唯一幸存的一阁。

134

《御制文渊文津文源文溯阁记》

年代　清乾隆
作者　（清）弘历撰　（清）绵恩书
收藏单位　故宫博物院

　　绵恩写本，凡一卷。绵恩为乾隆长孙，永璜之子，乾隆四十一年（1776）袭定郡王，五十八年（1793）晋亲王。北四阁建成之后，乾隆皇帝为其各写一篇文记，以满汉两种文字刻碑立于阁旁。王公大臣投其所好书写御制诗文，献与皇帝。此即为绵恩进呈的写本。

（四）宫殿苑囿

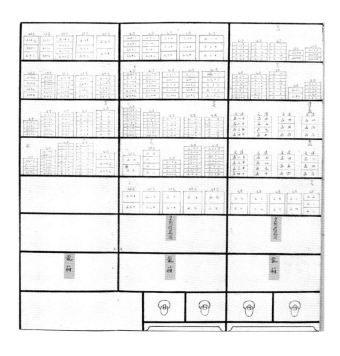

135

《乾清宫东西暖阁陈设圣训实录格式》

年代　清光绪

收藏单位　故宫博物院

内府朱格写本，不分卷。以表格形式依次列出东、西暖阁内书架及书函的排列情况，分别注出各书书名、文种及函次。康熙时以乾清宫为寝宫，后雍正帝移居养心殿。乾清宫遂为召见群臣、处理政务和举行筵宴之场所，也成为清宫的重要藏书之处。此档反映了清嘉庆朝以后乾清宫东、西暖阁书籍的列架实况，是这一方面绝无仅有的文字见证。乾清宫正殿北为仙楼，两侧设书格，东、西暖阁贮藏《圣训》、《实录》、《玉牒》等。嘉庆十二年（1807），重缮前五朝《实录》，换下旧藏之五朝《实录》。以此为例，前五朝《实录》藏东暖阁，后五朝至穆宗《实录》藏西暖阁。

136

懋勤殿、营造司批本处地盘画样

年代　清

收藏单位　故宫博物院

懋勤殿位于乾清宫西庑北端，与东庑的端凝殿相对，康熙幼年曾读书于此，后为懋勤殿翰林侍直处。凡图史、翰墨之具皆有收贮，为宫廷重要藏书处所。康熙年间内阁学士汤斌对懋勤殿曾有这样的描述："瑶函左列，竹素盈床。五库标目于西清，四类充轶于东厢。犀签重积，玉轴煜煜。"

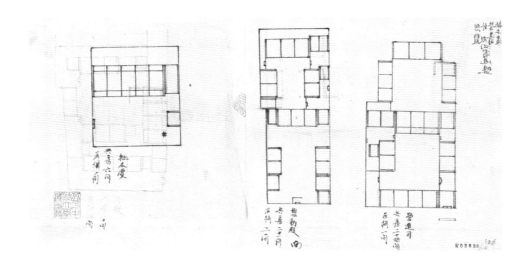

137

古董房

古董房位于紫禁城东六宫北部，千婴门外。其藏书以清内府武英殿刊刻的敕修书居多，还有少量内府抄本及宋、元、明刻本等。1925 年 10 月，古董房藏书 200 多种，3846 册，均移置寿安宫庋藏。

138

碧玉交龙纽 "宁寿宫宝"

年代　清乾隆
收藏单位　故宫博物院

宁寿宫位于皇极殿后，宫制为坤宁宫，西楹为祭神处，东楹为东暖阁，乾隆时辟为颐养之处，室内陈设人量书籍。此宝为碧玉材质，交龙纽方形玺，篆文。纽上有孔，系黄色绶带。

139

重华宫

重华宫位于紫禁城内廷西路西六宫以北，是清内廷重要藏书处所。崇敬殿是其前院正殿，殿内为乐善堂，明、次间所藏多为书画。东、西暖阁的佛像供桌上则摆放佛经。正殿重华宫西暖阁藏《宝贤堂法帖》、《淳化阁法帖》、《快雪堂法帖》、《澄清堂法帖》、《御制十全记》、《题耕织图》等。东配殿为葆中殿，殿内为古香斋，贮《古今图书集成》一部，此外还有《御制五体清文鉴》、《御制勤政论》（宋版）、《锦绣万花谷》等。后院正殿为翠云馆，东次室为长春书屋，是重华宫藏书最多之地。

教 育 篇

　　中国历史上长期形成的"人存政举"、"人亡政息"的人治统治,使"人"成为政治统治的重要因素,最高统治者的个人素质更是核心部分。因此,皇子教育制度与经筵制度自古以来就受到重视,清代也不例外。清代的皇子教育制度与经筵制度发端于皇太极时期,并伴随"尊孔崇儒"这项重要国策的实现逐步发展与完善,成为满族贵族认同与接受儒家文化、实行"崇儒重道"的统治政策的重要方面。

　　皇太极时期,由于军事战争和内部各派的权力斗争都在激烈地进行,巩固新政权才是当务之急,因此皇子教育制度仅仅处于草创阶段,内容也多以"亲上"、"忠君"为主。福临也并未获得接受系统教育的机会,康熙帝的皇子时代情况亦然。康熙皇帝晚年回忆他皇子时代所受到的教育主要来自孝庄文皇太后。"奉圣祖母慈训,凡饮食、动履、言语皆有矩度。虽平居独处,亦教以无敢越秩,少不然,即加督过,赖是以克有成。"[1]皇子教育到了康熙朝则进入了系统化、制度化时期。康熙帝设上书房于宫中,制定了严格的教学制度,使皇子皇孙自幼便接受全面、系统的教育。康熙帝为皇子挑选的老师都是当时翰林院中的博学之士,诸皇子除了学习汉文化之外,也须学习满语、骑射,不忘满族之根本。皇子们自入上书房读书起,直到封爵分府、娶妻生子后还须入上书房读书。后来的雍正、乾隆二帝继承并不断完善皇子教育制度,尤其是乾隆帝,把皇子教育看成头等大事。乾隆元年(1736)正月,刚刚登基的乾隆皇帝令大学士鄂尔泰、张廷玉、朱轼、徐元梦、福敏等为皇太子的师傅，并规定："皇子年齿虽幼，然陶淑涵养之功，必自幼龄始，卿等可殚心教导之。倘不率教，卿等不妨过于严厉。从来设教之道，严有益而宽多损，将来皇子长成自知之也。"[2] 即使到了清末，在内忧外患的情况下，清廷的皇子教育仍有序进行。道光帝即位后，命令奕讠6岁入学，选择杜受田为老师。道光十七年（1837）令翁心存入值上书房，教授六阿哥奕䜣读书。虽然后来鸦片战争爆发，清朝国运衰退，但都没有影响皇子教育的实施。道光二十九年（1849），道光帝任命祁寯藻、杜受田教皇四子读书，又命翁心存入值，教授皇八子读书[3]。之后的咸丰朝仅仅有11年，且充满了内忧外患，即使在这种情况下，咸丰帝还是早早地安排好了皇子师傅的人选。彭蕴章、祁寯藻、徐桐、翁心存曾任职于上书房。

清代首举经筵大典是在顺治朝。顺治十四年（1657）九月，清代首次经筵大典在保和殿举行。此后直至顺治帝去世，经筵都能做到如期举行，分别是顺治十五年（1658）的二月、八月，十六年（1659）的三月、八月，十七年（1660）的三月。日讲也进行得较为顺利。康熙帝则更加重视经筵制度。康熙十年（1671）二月，首开经筵。从这一年开始，直至康熙二十五年（1686）的15年间，经筵制度进入了鼎盛期。康熙皇帝勤勉好学，对开经筵表现出了极大的热情。不过，康熙二十五年（1686）闰四月，康熙帝突然下令停止日讲，这是康熙朝乃至整个清朝经筵制度的一个重要的转折点。从这以后，康熙帝把精力集中在了对皇子，尤其是太子的教育上面。开经筵的次数减少，已经不能保持每年春秋两次，甚至不能保证每年都开。到了雍正朝，经筵制度开始走向仪式化，基本成了一种统治者的政治文化政策的外在表现形式。雍正一朝 13 年，共举行了 13 次经筵，而且并未开日讲。此时的经筵大典内容空洞，形式化严重。乾隆即位后仍然延续了前朝开经筵的做法，但是频次更少。乾隆一朝共开经筵 51 次，无法保证一年一次。而且，乾隆朝经筵的内容发生了变化，出现了皇帝发御论、群臣跪聆御论的环节，这一形式一直延续到咸丰朝。此后，嘉庆帝在位 25 年，共举行经筵 24 次；道光帝在位 30 年，御经筵 25 次；咸丰帝在位 11 年，御经筵 10 次。咸丰朝之后，经筵制度从历史舞台上消失，同治、光绪、宣统朝并未举行经筵典礼。

可见，清代的皇子教育制度和经筵制度呈现出了不平衡的发展趋势：从清初确立以来，皇子教育制度逐步趋于完备，并成为有清一代重要的"家法"，被历朝奉行，直至清朝结束；经筵制度从清初确立，至康熙朝前期达到鼎盛，之后逐渐务虚而仪式化，咸丰朝以后从历史舞台上消失。出现这种情况绝非偶然。清代经筵制度的衰落在很大程度上是皇子教育从清初以来不断完善、发展的结果。皇子教育的成熟与完备，再加上雍正朝到咸丰朝的皇帝都是成年即位，使得皇帝不再依赖经筵制度获取知识，导致经筵制度所具有的皇帝御前讲席功能逐渐削减，最终丧失。可以说，清代皇子教育的成熟与完备使得宋代以来备受重视的经筵制度逐渐失去了存在的价值，到了清末，甚至于完全被皇子教育体制取而代之了。

　　总的说来，清代宫廷对于皇帝、皇子及皇族内部成员的教育是十分重视的，也收到了很好的成效。清代没有出现不学无术的昏君，几乎每位皇帝都在儒学、传统艺术等多方面颇有造诣。同时，一些皇族内部成员也在文化艺术上崭露头角，甚至有很高的成就。如康熙皇帝第三十一子允禧在绘画方面成就斐然；乾隆第十一子永瑆是一位颇负盛名的书法家，与翁方纲、刘墉、铁保被誉为"清中期四大书家"。

1　《庭训格言：康熙家教大全》，中国对外翻译出版公司，2001 年。
2　陈康祺：《郎潜纪闻二笔》，第 42 页，中华书局，1984 年。
3　《清史稿》卷一九《本纪》一九《宣宗本纪》三。

一

经筵日讲

（一）稽古右文

140

玄烨读书像

年代　清
收藏单位　故宫博物院

康熙皇帝勤勉好学，重视以儒学治天下，是清朝举行经筵大典的第一人。他好学敏求，不流于形式。17 岁时开始经筵日讲。22 岁时，提出与讲官"互相讲论"，改变了以往被动听讲的成规旧例，开创了经筵大典的新局面。从康熙十年（1671）二月首开经筵，直至康熙二十五年（1686）的 15 年间，经筵制度进入了鼎盛期。康熙帝对日讲也十分重视，他于康熙十二年（1673）下令此后寒暑不必辍讲，将日讲变成了他日常的功课，甚至在出行、战事期间亦不间断。

141

弘历写字像

年代　清
收藏单位　故宫博物院

乾隆帝热爱汉文化，提倡文治，平时除了在朝处理政务，便是谈经论道、题诗作画、把玩古玩、游览江南美景，徜徉在汉族文化的海洋中。乾隆三年（1738）春首举经筵，终其一朝共开经筵 51 次。在经筵大典上，乾隆帝首开御论环节。御论为乾隆帝亲制，在经筵大典上宣读。乾隆一朝共产生经筵御论 98 篇。乾隆帝退位之前，命人将 98 篇御论装订成 6 册，并陈于文华殿。

142

南书房

位于乾清门内西廊下，清初曾为皇帝读书处。自康熙十六年（1677）始，内廷翰林奉旨入值于此。这里是康熙皇帝与词臣讲经论史、切磋书法之地。康熙朝许多著名的文士兼朝廷要员都曾在南书房供职，如清代著名画家王原祁。

143

懋勤殿

懋勤殿位于乾清宫西庑，殿名取"懋举勤政"之义。康熙帝冲龄时曾在此读书。康熙二十年（1681）二月，康熙帝于懋勤殿召见时为直隶巡抚的于成龙，称赞"尔为今时清官第一，殊属难得"。每年秋决，皇帝在此阅档勾决。戊戌变法时，光绪帝与康有为、梁启超等在此讨论新法。

懋勤殿为清宫重要藏书处所，凡图史、翰墨之具皆有收贮。

康熙年间内阁学士汤斌《懋勤殿赋》中赞曰："瑶函左列，竹素盈床。五库标目于西清，四类充帙于东厢。犀签重职，玉轴煜煌。"

144

青玉交龙纽"懋勤殿宝"

年代　清
收藏单位　故宫博物院

此宝为青玉料，交龙纽。

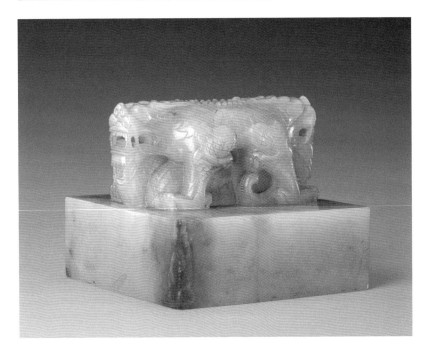

（二）经筵场所

弘德殿

　　弘德殿为乾清宫之西小殿，始建于明代，初名雍肃殿，明万历十四年（1586）改今名。

　　弘德殿在明代为召见臣工之处，清代则为皇帝办理政务及读书之处。顺治十四年（1657）开日讲，祭告先师孔子于弘德殿。康熙年间，康熙帝御门听政后在弘德殿听日讲官讲"四书"、"五经"，并与讲官论及吏治之道。同治年间，奉两宫皇太后懿旨，同治皇帝在弘德殿入学读书。惠亲王绵愉专司弘德殿皇帝读书事，祁寯藻、翁同龢授读，时有"弘德殿书房"之称。

青玉交龙纽"弘德殿宝"

年代　清乾隆
收藏单位　故宫博物院

　　此宝玉料为青玉，交龙纽。

147

文华殿

文华殿位于紫禁城东南，始建于明初，明末毁于战火，于康熙二十二年（1683）重建。明清两朝文华殿在功能上有所不同。明文华殿初为皇太子便殿，之后一度为"太子视事之所"，嘉靖十五年（1536）因太子少不更事仍改为皇帝便殿，后成为举行经筵大典的场所；清文华殿的功能比较单一，主要用于举行经筵大典，晚期作为接见各国使者的场所。

148

青玉交龙纽"文华殿宝"

年代　清
收藏单位　故宫博物院

此宝为青玉质地，交龙纽。

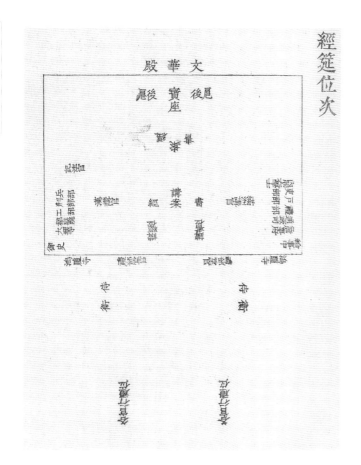

149

《经筵位次》图

年代　清
作者　（清）昆冈等修
收藏单位　故宫博物院

　　此图出自《钦定大清会典图》。举行经筵典礼之日，文华殿宝座前设御案，南向；殿内正中设讲案，北向。翰林院官员以左书右经的方式将"四书"、"五经"放在御案上，将讲章放在讲案上。讲官身着礼服蟒袍，大学士、九卿等官员均身着补服，集文华殿丹墀内，东西按班序立，等候典礼开始。

150

传心殿

　　传心殿位于文华殿东侧，始建于康熙朝，是清代皇帝御经筵前祭祀先圣、先师之处。每年皇帝临御经筵前一日黎明，都要派大学士或亲自到传心殿祭告。殿正中设皇师伏羲、神农、轩辕，帝师尧、舜，王师禹、汤、文、武的牌位；东设周公位；西设孔子位。

　　"传心"二字，因《尚书·大禹谟》中的"人心惟危，道心惟微，惟精惟一，允执厥中"一句，被宋代理学家奉为上古帝王心心相传的治国心学，故此有"传心"之说。

151

大庖井

　　大庖井位于传心殿院落东部，是宫中 72 口井中水质最好的。明代被品泉名家定为"京师第二泉"。明清两代祭祀用水主要取自此井。顺治八年（1651）始，每年十月在此井前举行祭祀井神仪式。清代经筵大典前祭告传心殿的用水也来源于此井。

152

本仁殿

　　本仁殿为文华殿东配殿，清乾隆时期经筵大典结束后在此举行筵宴。清代经筵赐宴最初在协和门，因时有闲杂人等出入，于礼制不合，在乾隆二十九年（1764）被停。因经筵为崇文大典，筵宴不应停撤，乾隆三十九年（1774）决定恢复，并将筵宴地点改于此。

（三）经筵内容

153

《讲筵恭纪》

年代　清顺治
作者　（清）王熙、（清）曹本荣撰
收藏单位　故宫博物院

　　此为顺治十六年（1659）内府刻本。顺治十四年（1657）九月举行了清代历史上第一次经筵大典，此书即记录了经筵典礼的相关内容，反映了清初开始注重皇帝典学、实行崇儒重道的文化政策。

154

碧玉《御制经筵论》册

年代　乾隆五十年（1785）
收藏单位　故宫博物院

　　此为乾隆帝《经筵论》玉刻版，玉料为碧玉，一共九片。此玉册中可见《清高宗御制文集》初集卷一《经筵御论》中的《〈诗〉云："乐只君子，民之父母。"民之所好好之，民之所恶恶之，此之谓民之父母》一篇。乾隆时期，皇帝在经筵大典上阐发御论已经成为重要的环节。一方面，反映出乾隆帝在大臣面前彰显学识的心理；另一方面，也是更重要的一点，反映了清代经筵制度对皇帝教育这一职能的减弱。

155

《四书讲章·中庸讲章》

年代　清

收藏单位　故宫博物院

　　清代经筵进讲内容以"四书"、"五经"为主。经筵前几日，钦定值讲官需要会同掌院学士拟定经筵所讲的具体章节，奏请钦定，然后撰写讲章。讲章要各准备正副两套，用满汉文分别誊写清楚后进呈。

156

《日讲易经解义》

年代　清

收藏单位　故宫博物院

　　日讲一般在经筵仪式举行后开始，相对于经筵大典，日讲较为简单。日讲场所不固定，以康熙朝为例，日讲地点有很多，一般是在弘德殿、懋勤殿或乾清宫；郊游或外出时，行宫也成为日讲场地。日讲讲章也需要由满汉两种文字撰写。康熙初年，日讲某经书完毕后有汇刻讲义的惯例。最早汇刻的日讲讲义有康熙十六年（1677）的《日讲四书解义》、康熙十九年（1680）的《尚书讲义》和康熙二十年（1681）的《日讲易经解义》。日讲讲章与一般经书注解不同，不注重词语的训诂，而是以文意贯通、发挥义理为主。

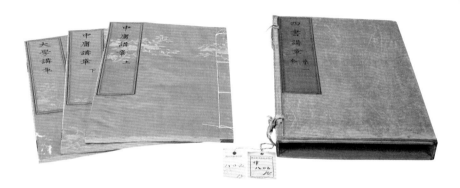

二

皇子教育

（一）皇子书房

157

上书房

上书房在乾清门迤东廊房内，为皇子、皇孙读书处。清代规定，皇子年满六岁，即要入上书房学习，除元旦、端午、中秋、万寿节、皇子本人生日可免书房读书，除夕可提早散学外，均无假日。娶婚封爵后，仍读书不辍。上书房中，汉文师傅教授皇子诗文，满蒙师傅教授满蒙文及骑射。房内书斋挂有雍正御笔联："立身以至诚为本，读书以明理为先。"

158

隆宗门

位于乾清门前广场西侧。乾隆年间，赵翼目睹了皇子每日天还不亮便入隆宗门入上书房读书的场景，并在《簷曝杂记》一书中记道："本朝家法之严，即皇子读书一事，已迥绝千古。余内直时，届早班之期，率以五鼓入……黑暗中残睡未醒，时复倚柱假寐，然已隐隐望见有白纱灯一点入隆宗门，则皇子进书房也。"

159

毓庆宫

毓庆宫位于内廷东路奉先殿与斋宫之间，系清康熙十八年（1679）在明代奉慈殿基址上修建而成，初为康熙为太子允礽特建。乾隆皇帝12岁到17岁一直居于此宫。嘉庆皇帝幼年曾居于此宫。清末，同治、光绪、宣统三位皇帝曾在此读书。

碧玉《御笔毓庆宫记》册

年代 清嘉庆

收藏单位 故宫博物院

　　清宫造办处成造。嘉庆皇帝在文中记录了毓庆宫在雍正、乾隆、嘉庆三朝的功用。乾隆年间，皇子们自六岁入学后，至成婚赐府前，大多居此。颙琰五岁时曾与兄弟子侄等人居于此宫，后迁往撷芳殿，乾隆禅位后又迁回毓庆宫。嘉庆帝亲政后，规定此宫不再让皇子居住。

161

味余书室

毓庆宫后殿东次室，嘉庆皇子时代的书房，
其匾额为颙琰御笔。嘉庆即位后曾在此斋宿。

162

白玉螭纽 "味余书室" 玺

年代　清嘉庆
收藏单位　故宫博物院

清宫造办处成造。嘉庆帝继位前所作的《味
余书室纪略》一文中记载："勤学者有余，怠者不
足，有余可味也，名之曰'味余书室'。"此书房
是根据嘉庆帝为皇子时的师傅朱珪之意而命名，
反映了颙琰游情于圣贤之籍、怡然自得、恒以不
学为戒的思想境界。

163

青玉蹲龙纽 "知不足斋" 玺

年代　清嘉庆

收藏单位　故宫博物院

　　清宫造办处成造。知不足斋位于毓庆宫后殿继德堂东次间，同为颙琰的书斋，斋名乃沿用杭城藏书家鲍廷博书室名，取《戴记》"学然后知不足"之义命名。鲍廷博笃好书籍，藏书中有许多珍贵善本。乾隆年间开四库馆，采访天下遗书，鲍廷博进献家藏书籍 600 余种。嘉庆二十年（1815），鲍氏将其校刻的《知不足斋丛书》24 集进献给皇帝。颙琰将自己的书斋取名为 "知不足斋"，是以 "知不足" 自勉，告诫自己学无止境。颙琰常将此玺钤盖于书卷之上，知不足斋也是嘉庆帝继位初期的重要活动场所。

164

铁 "咸安宫学记" 牌

年代　清中期

收藏单位　故宫博物院

　　清宫造办处成造。雍正六年（1728），"诏选内府三旗佐领管领下幼童及八旗俊秀者九十名，以翰林官居住咸安宫教之。汉书十二房，清书三房，各设教习一人，教射、教国语，各三人，如景山官学考取例"。因其以咸安宫为教场，故名咸安宫官学。

165

田黄石 "长春书屋" 玺

年代　清乾隆

收藏单位　故宫博物院

　　"长春书屋" 玺为乾隆皇帝的御用之章，由极为珍贵的田黄石制成。乾隆帝为皇子时，雍正将圆明园内长春仙馆赐予弘历居住，还曾在九州清晏别室召开法会，赐号弘历为 "长春居士"，因此乾隆皇帝日后的御用书屋多以 "长春" 命名。弘历登基后入住养心殿，将勤政亲贤殿后的仙楼改造为书房，御题 "长春书屋" 匾。此外，重华宫翠云馆、清漪园、圆明园九州清晏、西苑绮思楼、避暑山庄都有以 "长春书屋" 命名的御用书房，是乾隆帝重要的文事活动场所。

《圆明园四十景图咏·洞天深处》

年代 清乾隆
作者 （清）唐岱、（清）沈源
收藏单位 法国巴黎国家图书馆

　　洞天深处始建于雍正朝，位于圆明园宫廷区，勤政亲贤之东，是一处以皇子书房和住所为主题的建筑，其主体是东部四所及西部南北二岛的上书房，东北部为清宫画院如意馆小院。选择洞天深处作为皇子在圆明园的书房，是因为洞天深处位于皇帝听政和处理日常政务的勤政亲贤旁，便于皇帝处理政务后随时检查皇子们的学习情况。

《御制避暑山庄诗》中指画《万壑松风》

年代 清康熙
作者 （清）戴天瑞
收藏单位 故宫博物院

位于山庄宫殿区的松鹤斋北端，建于康熙四十七年（1708），是避暑山庄宫殿区最早兴建的建筑。因周围古松甚多，故得此名。康熙帝曾在此处批阅奏章，召见臣工。康熙晚年时将孙弘历安置在殿旁的鉴始斋读书，平时进宴或批阅奏章，都要弘历陪侍身旁，朝夕教诲，关怀备至。幼年的弘历常在此处聆听祖训，即位后改名"纪恩堂"，并作《御制避暑山庄纪恩堂记》纪念圣祖。

补桐书屋

　　位于瀛台东部，乾隆帝做皇子时曾在此读书。窗前原有两株老桐，枯死一株，补种后，另一株亦枯死。乾隆十年（1745）命将枯桐造琴四张，分别命名为"瀛蓬仙籁"、"湘江秋碧"、"皋禽霜泪"、"云海移情"，并各有题诗，陈于屋内。

（二）文武齐备

169

《清文启蒙》

年代 雍正八年（1730）
作者 （清）舞格寿平撰
收藏单位 故宫博物院

　　清雍正八年（1730）刊刻。书为语音、词汇、语法合为一体的满汉文对照辞书。该书是清代成书最早、讲述最全面详细、例句最多的满文语法辞书，也是初学满文者入门的启蒙教科书。

170

《御制满洲蒙古汉字三合切音清文鉴》

年代 乾隆四十五年（1780）
作者 （清）阿桂等编
收藏单位 故宫博物院

　　《御制满洲蒙古汉字三合切音清文鉴》是清代第一部皇帝敕修满蒙汉三体合璧辞典，是乾隆帝为存留满蒙汉文音韵，特命阿桂等以《御制增订清文鉴》为蓝本编成，共包括满蒙汉三种文字对译词、互注切音字、对音字等11项。该辞典在清代确立了编纂满蒙汉三体合璧辞典的典范，后收入《四库全书》。

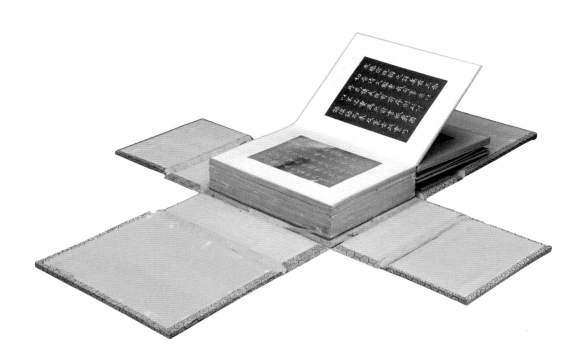

171

箭亭

清朝皇帝要求皇室子孙"衣服语言，悉遵旧制"，"操演技勇，时时练习骑射"。因此，射箭是皇子们每日的必修课，由"谙达"来教授，一般安排在诵读经书之后。为了方便皇子随时练习，书房附近都设有练习射箭的场所。箭亭就是清代皇帝及其子孙练习骑马射箭的地方，位于紫禁城东部景运门外、奉先殿以南的开阔地上，始建于雍正八年（1730）。每当皇帝及其子孙在这里跑马射箭时，亭前摆起箭靶，两边列队的武士摇旗擂鼓助威，场面壮观。

172

《单刀谱》

年代　清道光
作者　（清）韩于武等撰
收藏单位　故宫博物院

此书原名"刀谱"，创自康熙年间，流传宫中。道光帝以此护身养身之术作为武功科目，供皇子们学习。书后附《御制宝锷宣威》一篇，为道光二十五年（1845）奕詝与奕訢一起研习刀法时吟咏而成，并由道光赐名。

173

《弘历逐鹿图》轴

年代　清乾隆
收藏单位　故宫博物院

　　"木兰秋狝"自康熙二十年（1681）后成为一项政治制度，也是康乾时期皇子皇孙们必修的功课。弘历自 12 岁始便随祖父康熙帝前往热河行围。皇子皇孙们离开紫禁城，驰骋塞外草原，在围猎中不仅训练弓马骑射技艺，磨炼意志，"习劳苦之役，惩晏安之怀"，而且训练统兵作战的军事能力。

174

《清人行乐图》卷

年代　清
收藏单位　故宫博物院

　　引弓策马、行围狩猎以习武，既是满族的传统，又是他们重要的生活方式。为了保持八旗将士的战斗力和骑射尚武的满族精神，清代前期的几位皇帝不仅重视行围习武，对皇子皇孙、八旗子弟的骑射教育更是常抓不懈。

175

允礼像

年代　清雍正

作者　[意]郎世宁

收藏单位　故宫博物院

　　清代皇子大多娴熟弓马。图为意大利画家郎世宁所绘的康熙第十七子允礼，正英姿飒爽地骑在马上。允礼生于康熙三十六年（1697），是雍正帝异母弟，工书法，擅诗词，好游历，并未参与康熙末年的皇位之争。允礼于雍正六年（1728）晋封果亲王，乾隆三年（1738）去世。

176

曲阜孔庙金声玉振牌坊

　　清帝虽为满人，但与历代汉族统治者一样，尊儒敬孔。清代皇子的教育中，十分重视儒家文化的传授，儒家经典是皇子们必修的功课。皇子们读书的上书房中特别安奉至圣先师的神位，皇子在入学之初要先到至圣先师神位前行礼。清帝还多次下令重修曲阜孔庙。康熙三十二年（1693），阙里孔庙重修落成，年仅15岁的皇四子胤禛就奉父皇之命，随皇三子胤祉前往曲阜参加祭祀大典。

177

《御纂性理精义》

年代 康熙五十六年（1717）
作者 （清）李光地等撰
收藏单位 故宫博物院

此书为康熙命大学士李光地充总裁官，推荐蔡世远为分修官，共同纂修的儒学专著，共为"太极图说"、"西铭"、"皇极经世"、"家礼"等几部分，集前人研读之精华，以御纂的名义颁行全国，后来成为弘历的重要学习课本之一。

178

《圣祖仁皇帝庭训格言》

年代 雍正八年（1730）
作者 （清）胤禛编
收藏单位 故宫博物院

此书为清世宗胤禛编录，记录了雍正帝胤禛及其弟兄追忆其父康熙帝的庭训言语，以格言的表达方式编纂成书。全书不分卷，重在阐述修身、齐家、治国、平天下之道，同时也颇多总结生活经验之语，如劝勉皇子们生活要节俭、自制，行为不得放纵，要勤勉读书、勤于政事等。

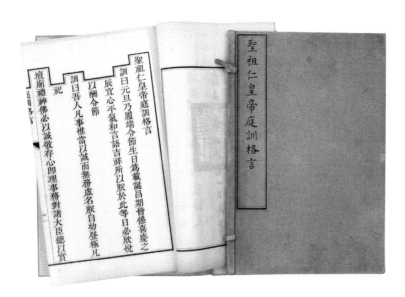

179

《养正图解》

年代　明

作者　（明）焦竑撰

收藏单位　故宫博物院

　　《养正图解》是一部孩童的启蒙读物。明万历间，焦竑任皇子讲官时，为教导皇长子朱常洛而编撰此书，书名取自《易·蒙》中"蒙以养正"之句，辑录周文王至宋代的传说典故，绘图60幅，每图后附解说，借古喻今，阐述儒家的纲常及仁义礼智信五德思想，劝勉皇子从细微琐事入手修身养性，以达到治国平天下的目的。此书备受清帝的赏识和推崇，乾隆帝为其作诗，嘉庆帝为其作赞，光绪帝命将书与御制诗、赞一并刊刻颁行。

180

《帝鉴图说》

午代　清后期

作者　（明）张居正、（明）吕调阳编

收藏单位　故宫博物院

　　此书是明代辅臣张居正为当时年仅10岁的明神宗万历皇帝所编的教科书。全书分为上下两篇，上篇"圣哲芳规"讲述了历代帝王的励精图治之举；下篇"狂愚覆辙"剖析了历代帝王的倒行逆施之祸，并配有插图和说明，浅显易懂。故宫所藏的《帝鉴图说》为清末内府图绘写本，很有可能是清末几位幼年登基的小皇帝的启蒙教材。

181

胤禛朗吟阁读书像

年代　清早期
收藏单位　故宫博物院

　　胤禛以年轻的皇子形象端坐于朗吟阁中。朗吟阁位于圆明园中路天然图画内，是康熙赐给胤禛的书斋。胤禛曾作《秋日登朗吟阁寓目》，描绘秋日夕阳下登临朗吟阁所望赏心悦目之景色。

182

弘曕像

年代　清雍正
作者　（清）徐扬
收藏单位　故宫博物院

　　弘曕为雍正第六子，生于雍正十一年（1733），是乾隆帝最小的幼弟，幼时常住在圆明园，又被称作"圆明园阿哥"。乾隆三年（1738），应庄亲王允禄奏请，弘曕过继给果亲王允礼，并承袭果亲王。弘曕幼时受学于著名学者沈德潜，对词学有深研，家中藏书近万卷，可与怡王府的明善堂相媲美。乾隆二十八年（1763），弘曕因放纵不检获罪，被革职，降为贝勒。乾隆三十年（1765）弘曕病重，乾隆帝念其手足之情又恢复其郡王的爵位。不久，弘曕去世，谥号为"恭"。

183

永琰习作

年代　清乾隆
作者　（清）颙琰
收藏单位　故宫博物院

　　图为嘉庆皇帝做皇子时的作业，红字为师傅的批改。清代皇子们除了跟随满族师傅学习满语骑射，作文吟诗也是每日书房中必修的课程，清代皇子因而多有文武兼备之辈。

（三）学习用具

184

多宝文具锦匣

年代　清中期
收藏单位　故宫博物院

匣内设多宝格，分别放置康熙之孙、清代宗室画家弘旿所绘山水册页、青玉镇纸、白玉章料、水晶图章等。匣侧设有暗格，内置宫廷画师汪承霈的手卷。多宝文具锦匣在清宫中十分盛行，一般陈设于内廷书斋或殿堂。

185

青玉御题回纹灯

年代　清乾隆
收藏单位　故宫博物院

　　此灯旧藏于紫禁城内的书斋懋勤殿。灯底座镌隶书乾隆御题《玉檠》一诗："林邑品犹重，咸阳制太奢。然书欣质朴，习字伴年华。长短何须较，球琳匪所夸。羲经如玩象，大有兆维嘉。"款为"甲戌御题"，下镌"德充符"、"几暇怡情"二印。

186

铜镏金测角仪

年代　清早期
收藏单位　故宫博物院

　　测角仪是清初大地测量中必备的工具，可测得水平角。设计精巧，便于携带。史料记载，康熙五十年（1711）春，康熙率诸皇子巡视通州河堤，令河工主事主持挖河建坝事宜，然后"亲视仪器，定方向，命诸皇子、大臣等分钉椿木，以记丈量之处。又于尾处立黄盖，以为标准，取方形仪盘，至于膝上，以尺度量，用针画记，朱笔点之"，当场示范如何用科学仪器丈量土地。

187

米色漆描金花望远镜

年代　清早期
收藏单位　故宫博物院

　　古时称望远镜为"千里镜"。《清世宗实录》中记载："昔年遇日食四五分之时，日光照耀，难以仰视。皇考亲率朕同诸兄弟在乾清宫用千里镜，四周用夹纸遮蔽日光，然后看出考验所亏分数。此朕身经试验者。"

（四）师生情谊

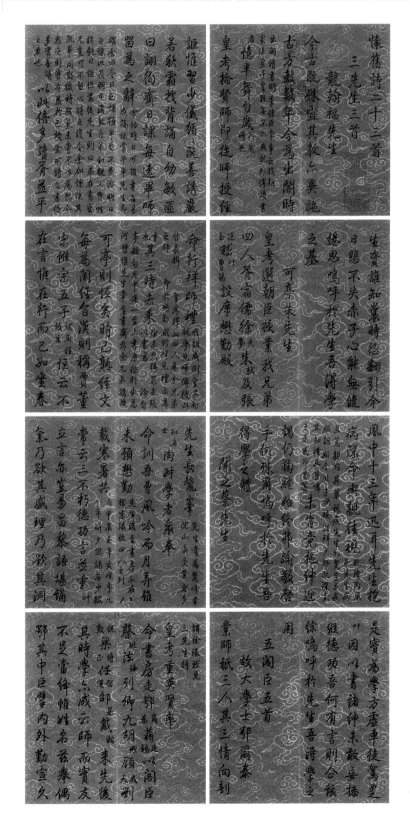

188

御笔《怀旧诗》册

年代　乾隆四十四年（1779）
作者　（清）弘历
收藏单位　故宫博物院

　　乾隆四十四年（1779），69 岁的乾隆皇帝作怀旧诗，怀念为皇子时懋勤殿从师于蔡世远、福敏、朱轼三位师傅的往事。弘历并称三师傅为"三先生"，他们都是当朝著名的学者。在他们的指导下，弘历很快便熟读《诗经》、《尚书》、《易经》、《春秋》等儒家经典和《通鉴纲目》、《史记》、《汉书》等史籍。乾隆认为，自己"于轼得学之体，于世远得学之用，于福敏得学之基"。

189

朱珪书颙琰《纳景堂诗》轴

年代　清中期
作者　（清）朱珪
收藏单位　故宫博物院藏

　　朱珪，乾隆十三年（1748）进士，乾隆四十年（1775）入值上书房，成为皇十五子颙琰的师傅。朱珪不但博学多才，还为官清廉，为人耿直。他称颙琰"好学敏求，诵读则过目不忘，勤孜则昕夕不怠"，与颙琰建立了深厚的师生情谊。颙琰即位后对他评价很高，称他为"内有守，无伪无私，心款款以效忠，政优优而著绩"。

190

翁同龢手札册

年代　清后期
作者　（清）翁同龢
收藏单位　故宫博物院

　　翁同龢为咸丰六年（1856）状元，晚清政坛的重要人物，先后担任同治、光绪两代帝师，历任户部尚书、工部尚书、军机大臣兼总理各国事务衙门大臣，是光绪帝身边最得力的谋臣，支持光绪帝维新变法。戊戌政变后，翁同龢被革职，罢官归里，晚年沉浸汉隶，成为晚清颇具影响的书法家。

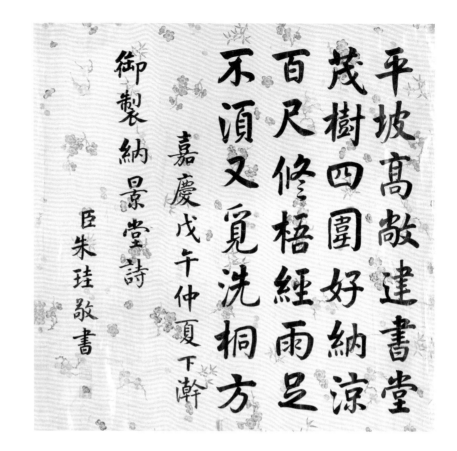

（五）皇子成就

191

《悦心集》

年代　雍正四年（1726）
作者　（清）胤禛
收藏单位　故宫博物院

　　此书由胤禛亲自编纂，刊印于雍正四年（1726）。将自己身为皇子简居雍邸时经常翻阅的"佳章好句"简编成册，命名为《悦心集》，以悦目养心，喻世扬己。此书无论题材选取还是作者年代都涉及较广，"是编所录，有庄语，有逸语，有清语，有趣语，有浅近语，不名一体；人有仕，有隐，有儒，有释，有高名，有无名，亦不专一家"，表达了雍正对于恬静自好、自得其乐生活的向往。

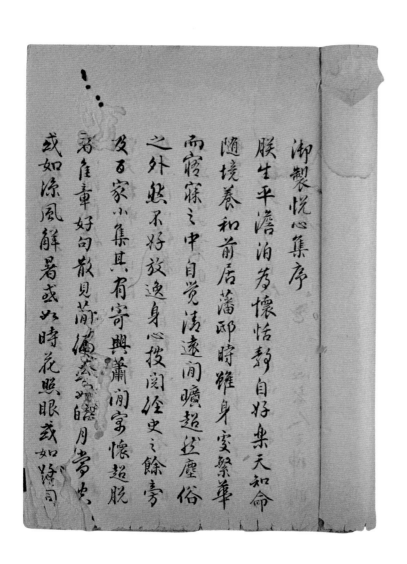

《乐善堂全集》

年代　乾隆二年（1737）
作者　（清）弘历
收藏单位　故宫博物院

　　乾隆皇帝一生酷爱写诗作文，作诗四万余首、文一千余篇。雍正八年（1730），弘历编其所作经说、史论、序跋、杂文、诗赋为《乐善堂文钞》，共14卷。弘历即位后，又于乾隆二年（1737）选取《乐善堂文》中文章与其在雍正十三年（1735）前所作之诗文，编辑成《乐善堂全集》，共40卷。《乐善堂全集》反映了乾隆做皇子时期的思想、经历与见闻。

《味余书室全集》

年代　清嘉庆
作者　（清）颙琰
收藏单位　故宫博物院

　　嘉庆皇帝颙琰与其父相似，颇好诗文。《味余书室全集》收录了嘉庆帝为皇子时所作诗文。味余书室位于毓庆宫后殿东次间，是颙琰做皇子时期读书的书房。清代皇帝常将自己做皇子时与即位后的诗文分别编辑成书，皇子时期的诗文常以自己的书斋为名，即位后的诗文则冠以"御制"两字。

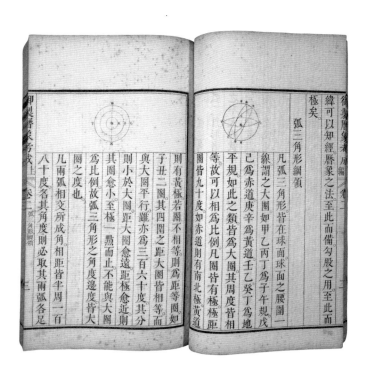

194

《律历渊源》

年代　清康熙
作者　（清）允祉等编
收藏单位　故宫博物院

　　此书是由康熙皇三子诚亲王允祉主持纂修的大型天文、数学、乐理丛书。包含三部分内容：《历象考试》42卷、《律吕正义》5卷、《数理精蕴》53卷。该书是一部反映当时中国自然科学最高水平的带有总结性的科学巨著。

允祥像

年代 清中期

作者 （清）冯照、（清）蒋和

收藏单位 故宫博物院

　　允祥为康熙的皇十三子，母亲为敬敏皇贵妃。允祥与雍正虽为异母所生，却是关系最为亲密的兄弟。允祥擅诗书翰墨，且"精于骑射，发必命中"，康熙出巡时，常令其伴驾。雍正帝即位后，其众弟兄大多受到打压排挤，允祥却成为胤禛最为倚重和信任之人，被封为"和硕怡亲王"，爵位可世袭罔替。并出任议政大臣，总领户部。允祥也凭借自身才华，尽力辅佐雍正，成为雍正朝的股肱之臣。雍正八年（1730）允祥去世后，雍正下旨上谥号"贤"，将其名"允祥"的"允"字改回"胤"字。

196

《抚远大将军允禵西征图卷·进入拉萨》

年代　清中期
收藏单位　中国国家博物馆

　　允禵，康熙第十四子，雍正帝的同母胞弟。其人文武双全，才智过人，深受康熙帝的信任，是胤禛在争夺皇位中最强有力的竞争者。康熙五十七年（1718），允禵被授予抚远大将军之职，领兵进藏征讨厄鲁特蒙古准噶尔策妄阿拉布坦。出征前，康熙帝在太和殿前举行了隆重的授印仪式。图为允禵率领清军进入拉萨，收复入侵西藏的蒙古军队。就在允禵远征西藏时，康熙帝突然故去，胤禛即位。雍正四年（1726）初，雍正革去允禵固山贝子，囚禁于景山寿皇殿内。直至乾隆即位，允禵才被释放。乾隆二年（1737），允禵被封为奉恩辅国公，十二年（1747）又被封为多罗贝勒，十三年（1748）晋为多罗恂郡王。乾隆二十年（1755）卒，赐谥号"勤"。

197

《允禧训经图》轴

年代 清乾隆
作者 （清）顾铭
收藏单位 故宫博物院

允禧为康熙皇第二十一子，母为庶妃陈氏。允禧为康熙幼子，康熙去世时仅 12 岁。因此，年幼的允禧未曾参与康熙末年诸皇子的储位之争。雍正八年（1730）二月，允禧封贝子；五月，进贝勒。雍正十三年（1735），进慎郡王。乾隆二十三年（1758），允禧卒。允禧自幼便淡泊名利，无心政治，为人好客，好学不倦，专心于笔墨丹青等文人雅事，"诗清秀，尤工画，远希董源，近接文征明"，著有《花间堂诗钞》《紫琼岩诗钞》等多部诗文著作。图为允禧课子经书的情景。

198

青田石"皇六子永瑢"章

年代 清乾隆
收藏单位 故宫博物院

永瑢为乾隆皇帝第六子。乾隆二十四年（1759），17 岁的永瑢奉旨过继给乾隆的二十一叔慎靖郡王允禧为子，封贝勒。永瑢工诗词，富文采，著有《九思堂诗钞》。在绘画上，技艺更为精湛，主要作品有《岁朝图》、《枫溪垂钓图》等。乾隆三十七年（1772），永瑢封质郡王，次年被任命为《四库全书》正总裁，负责总理四库馆内一切事宜。乾隆五十四年（1789），晋封质亲王。乾隆五十五年（1790）薨，谥曰"庄"。

伊茲事之可樂固聖賢之所欽課慮無以責有叩窞莫而求音笙綿邈於尺素吐
滂沛乎寸心言恢之而彌廣思搜之而愈深播芳蕤之馥兮發青條之森兮繁風飛而
森聳鬱乎雲起乎翰林體有萬殊物無一量紛揮霍形難為狀辭程才以效伎意司契
而為匠在有無而僶俛當言淺而遴深雖離方而遯員期窮形而盡相故夫誇目者尚
奢愜心者貴當言窮者無隘論達者唯曠詩緣情而綺靡賦體物而瀏亮碑披文以
相質誄纏綿而悽愴銘博約而溫潤箴頓挫而清壯頌優游以彬蔚論精微而朗
暢奏平徹以閑雅說煒煒而譎誑雖區分之在茲亦禁邪而制放要辭達而理舉故
無取乎冗長其為物也多姿其為體也屢遷其會意也尚巧其遣言也貴妍暨音聲之
迭代若五色之相宣雖逝止之無常固崎錡而難便苟達變而識次猶開流以納泉
如失機而後會恒標末以續顛謬元黃之秩序故淟涊而不鮮或仰逼於先條或俯
侵於後章或辭害而理比或言順而意妨離之則雙美合之則兩傷考殿最於錙銖或去
留於豪芒苟銓衡之所裁固應繩其必當

成親王書

子臣永瑢畫

學餘遊藝點功夫寫作平
安好意圖恰合歲朝呈吉語
永綿億載奉
慈煇
聖母以博一咲 戊子新正瑺筆

題永瑢所繪歲朝圖茶進

《平安如意图》轴

年代　乾隆三十三年（1768）
作者　（清）永瑢
收藏单位　故宫博物院

　　此图绘于乾隆三十三年（1768）元旦，本为乾隆帝的第六子永瑢为父皇所画。乾隆帝欣然题诗，并将图进呈崇庆皇太后，以悦慈颜。其后，即以诗句中的"永绵亿（奕）载"四字作为皇子（永）、皇孙（绵）、曾孙（奕）、元孙（载）的排序。

永瑆书陆机《文赋》轴

年代　清乾隆
作者　（清）永瑆
收藏单位　故宫博物院

　　永瑆，字镜泉，号少庵、诒晋斋主人，清乾隆皇帝第十一子，封成亲王。永瑆自幼工书，初学赵孟頫、欧阳询，后涉足前代诸家，颇受乾隆皇帝喜爱，常幸其府第。永瑆与刘墉、翁方纲、铁保并称"清中期四大书家"，刻有《诒晋斋帖》。嘉庆九年（1804）上谕称："朕兄成亲王自幼专精书法，深得古人用笔之意，博涉诸家，兼工各体，数十年临池无间。近日朝臣文字之工书者，罕出其右。"永瑆卒于道光三年（1823），谥号"哲"。

《菊石图》扇页

年代　清乾隆
作者　（清）永瑆
收藏单位　故宫博物院

　　扇页有自题："鞠有黄花。为三侄作。"钤"皇十一子"朱文印。图绘野外盛开的菊花，花瓣以墨线勾勒，花叶以浓淡墨晕染，画面于朴拙中不失一种温雅纯和的风韵。这种风韵在永瑆的书法作品中亦有所体现。

宗教篇

　　清代宫廷中各种宗教活动频繁。萨满教、藏传佛教、道教，形形色色。从萨满法师到大威德金刚，从关帝圣君到玄天上帝，各路神佛都在清宫中得到供奉。

　　萨满教是满族传统宗教。自努尔哈齐崛起辽左、创制满文起，便有萨满祭祀的记载，以堂子为萨满教活动之所。入关后，清廷将萨满教信仰习俗带至北京，并逐渐庙堂化、宫廷化，如仿盛京城外东南堂子之制，于紫禁城东南长安左门外、玉河桥东建堂子；如清顺治十二年（1655），遵循满洲凡祭必于正寝的旧制，仿盛京清宁宫改建坤宁宫，并制定坤宁宫祀神礼。次年闰五月，坤宁宫竣工，其正殿共九间，西侧四间为萨满教祭祀场所。

　　由于萨满教皆为口授祝词仪注，自太祖至高宗，历时六朝，一百余年，久而小有异同，萨满教信仰也大不如昔。为使其信仰习俗能长久保留，以维系满族人之团结，乾隆帝特敕庄亲王允禄等，对满族各种祭祀仪式、祝词进行收集、诠释、整理，"敬谨详考，分别编纂，并绘祭器形式，陆续呈览，朕亲加详核酌定"。这就是《钦定满洲祭神祭天典礼》，标志着萨满教祭典正式典制化。

　　乾隆三十七年（1772），乾隆皇帝在为自己修建归政退位后的太上皇宫一区时，于皇极殿后新建宁寿宫，仿坤宁宫样式，同样也是用于萨满教祭祀的场所。

　　萨满教在嘉庆道光年间显露出衰弱的端倪。随着清王朝的灭亡，坤宁宫祭祀随之废止。萨满教慢慢失去了宫廷崇祀的荣光，变成民间奉祀的宗教。

藏传佛教是中国佛教的重要组成部分，13世纪开始传入内地，为元朝皇室所崇信。明朝亦奉行尊崇藏传佛教的政策。满族在入关前，藏传佛教便从蒙古传入。清朝统治者把扶植藏传佛教作为治理蒙藏的重要国策，"兴黄教即所以安众蒙古，所系非小，故不可不保护之"，历代皇帝奉行不渝，借助佛教的影响，安定蒙藏，巩固边防，维护国家统一。

康熙三十六年（1697）设立中正殿念经处，隶属于内务府掌仪司，主管宫内喇嘛念经、造办佛像等藏传佛教活动。

乾隆时期则是宫廷藏传佛教发展的鼎盛时期。《章嘉国师若必多吉传》记载："天神大皇帝（乾隆皇帝）为了增盛佛教和众生的幸福，历年不断地修建了不可思议的众多佛殿和身语意三依所（经、像、塔）。凡是西藏有的，这里无所不有。"特别是乾隆时期所创建的佛堂及佛堂里的陈设，甚至让来京为乾隆祝寿的六世班禅大师亦大为吃惊。他曾三次进入紫禁城里的佛堂拜佛：第一次进的是梵华楼，献了头号红藏香一支；第二次进的是雨花阁，上了大香一支；第三次进的是中正殿西配殿，献哈达一条。他说道："小曾仰承皇帝之恩，得以叩拜真佛，瞻仰胜似额斯润宫之神奇殿堂，如梦如幻。"

清宫佛堂均分布于后廷各区，按建筑形式可分为两类。第一类为独立建筑，共35处，可大致分为 7 个区。

1. 中正殿区：包括中正殿、中正殿东西配殿、淡远楼、香云亭、宝华殿、梵宗楼、雨花阁、雨花阁东西配殿等 10 座建筑。以中正殿为中心的这一区域既是紫禁城内唯一一处全部由佛殿组成的建筑群，同时也是整个宫廷佛教活动的中心。

2. 建福宫花园（西花园）区：慧曜楼、吉云楼、广生楼、凝辉楼、敬慎斋。

3. 慈宁宫区：慈宁宫后殿（大佛堂）、后殿东西庑、英华殿。

4. 慈宁宫花园区：慈荫楼、宝相楼、吉云楼、咸若馆、临溪亭。

5. 养心殿区：养心殿东西配殿。

6. 御花园区：千秋亭、澄瑞亭。

7. 宁寿宫区：佛日楼、梵华楼、养和精舍、粹赏楼、抑斋、养性殿东西配殿。

第二类为建筑的一部分辟为佛堂，包括养心殿西暖阁、养性殿西暖阁、崇敬殿东西暖阁、坤宁宫东暖阁二楼、宁寿宫东暖阁二楼、颐和轩东暖阁、寿康宫东西暖阁、惇本殿东西暖阁等，共计 11 处。这是根据现存文物遗迹与文献记载简略统计的结果，零星分布在各宫殿内的佛龛更难以计数。

这些佛堂或集中于一区，如中正殿区；或散布于各花园内，如慈宁宫花园区、建福宫花园区；或与寝宫连在一起，如养心殿西暖阁、养心殿东西配殿、寿康宫东西暖阁。可以说，无论是帝后日常起居的寝宫内，还是休闲游乐的花园中，都有供佛之所。其数量之多、分布之广、占地面积之大是惊人的。这些殿堂内满供着藏传佛教唐卡、造像、佛塔、佛经、法器，既有蒙藏地区宗教领袖的贡品，也有清宫造办处的作品，造型别致，制作精美，材质珍贵，组成了紫禁城中一个神秘的藏传佛教世界。

每座佛堂供奉的主神并不完全一样，但其内部陈设布局均依据格鲁派（黄教）教义，模拟西藏寺庙神殿，具有宗教崇拜的不同功用，所以清宫佛堂内几乎囊括了西藏神殿中各类神像、法器。以中正殿区为例，中正殿、宝华殿主供佛祖释迦牟尼、教祖宗喀巴及各显宗佛像；香云亭供大小金塔七座；梵宗楼供文殊菩萨、大威德神像；雨花阁供密宗四部神像；雨花阁东西配殿为影堂，分别供奉着六世班禅、三世章嘉。

宫内佛堂是按使用人分布的。中正殿区、建福宫花园区、宁寿宫区佛堂基本为皇帝专用；慈宁宫区、慈宁宫花园区佛堂为太后太妃们礼佛之所；重华宫是乾隆做太子时的居所，其内崇敬殿东西暖阁佛堂是他当太子时的礼佛处；毓庆宫区是皇子们的书房，其内惇本殿东西暖阁佛堂，即为皇子们礼佛而设。

清宫佛堂因处于皇宫禁城的特殊环境中，大部分至今仍保持了乾隆时代的原始状态，从建筑到文物，完整地展现了清代历史空间原貌。这些清代原状佛堂是极其珍贵的文化遗存，是世所罕见的藏传佛教艺术宝库。

清宫佛堂建于帝后起居之处，属于私生活范围，是绝不容外人踏入、窥探的禁地。清帝没有必要在自己寝居之处作崇奉黄教、安抚蒙藏的政治姿态，它最真实地反映出清帝对藏传佛教的信仰。

道教是中国土生土长的宗教。在明代，道教之风大行于天下。特别是在宫中，一方面，道教是伴随着佛像被毁而兴盛起来的，明宫廷曾在嘉靖和崇祯年间进行过三次大规模的佛像销毁活动；另一方面，帝王沉迷于道教，致使很多道士得到皇帝的封官，有的甚至官居一品，如嘉靖时江西龙虎山道士邵元节，官拜礼部尚书，赐一品文官服。

清承明制，道教信仰继续在宫中传承，雍正皇帝则是清朝诸帝中对道教最为推崇的一位。紫禁城中供奉道教尊神的宫殿主要有两处：一是钦安殿，供奉玄天上帝；二是玄穹宝殿及东西配殿，供奉道教三清、昊天上帝及雷部诸神。这两处原状陈设基本保存下来。此外，还有城隍庙和御花园斗坛，建筑完好，内部陈设却已不存。

供奉道教神的宫殿与佛堂相比，没有什么大的不同，基本上都是于殿内正中立正龛供主神，龛前置供案，案上设五供等，四周或两侧挂幡，但也有区别——佛堂里的供奉，大都依据佛教经典来设计内部陈设；供奉道教神的宫殿，基本上不按经典，而是按主神与从神的相互关系来进行供奉。另一种供奉道教尊神的形式是不供其像，只供其神牌。一些具有道教特色的法器如令牌、五方镇坛斗等，也是道教宫殿供奉的内容。

萨满教

坤宁宫

坤宁宫位于交泰殿后，面阔九间，为内廷后三宫之一。明代是皇后起居的正宫。清入关后，于顺治十二年（1655）仿沈阳故宫清宁宫，将西部的四间改为萨满祭祀场所。坤宁宫祭祀活动极为频繁，除在紫禁城外的堂子祭祀及斋戒、忌辰、清明等不杀牲的日子外，几乎每天都有祭祀活动，有些祭祀还要皇太后、皇帝亲行。

坤宁宫最重要的祀典是每年正月初二、二月初一、八月初一三次大祭。届日，皇太后、皇帝、皇后要亲祭宫院东南隅的天神杆，并有王公大臣陪祭。

今坤宁宫建筑完好，内部格局仍为原状。

《钦定满洲祭神祭天典礼》

年代　清乾隆
作者　（清）允禄等
收藏单位　故宫博物院

《钦定满洲祭神祭天典礼》，六卷，清乾隆四十五年（1780）内府朱格抄本。全书备载祭神、祭天、背灯、献神、报祭、求福等各种祭祀活动之祭期、祭品、仪注、祝辞及所用器皿形式图等，是爱新觉罗氏萨满信仰礼俗的总结，也是研究清代宫廷萨满祭祀及满族宗教信仰的重要资料。

204

弦子

年代　清中期

收藏单位　故宫博物院

　　源于秦代，元代始有"三弦"之名，流行于蒙古、满、彝、白、拉祜、哈尼、基诺、傈僳、景颇、傣族地区。木质，音箱扁平，呈椭圆形，背圆面平，两面蒙皮。正面置桥形琴马，杆长无品，兼作指板，设三轸三弦。通体黑漆，饰花草纹。演奏时习惯按四度、五度关系定弦。音域有三个八度。演奏时，两腿自然分开，音箱置于右腿上。左手轻托琴杆，斜向左上方，右手拇指、食指执拨子或戴假指甲弹弦，常用板、粘、揉、扣等指法，奏三声、三声和音及滑音、泛音、颤音等，风格迥异，用于独奏、合奏、歌舞伴奏等。萨满教朝祭时，常与琵琶合奏。现存坤宁宫。

205

铜腰铃

年代　清中期

收藏单位　故宫博物院

　　铜质，锥形，末端缝缀于长条锦缎上，系于腰间。据《钦定满洲祭神祭天典礼》记载，在坤宁宫祭祀中，"司祝系闪缎裙束腰铃，执手鼓，先向神位，坐于凳上，击手鼓，诵请神歌祈祷。……三次祈祷，诵神歌毕，解下腰铃"。说明这种腰铃是在满洲萨满教祭祀活动中祭司所佩戴的一种法器，在整个祭祀过程中需要一直佩戴。现存坤宁宫。

女神画像

年代　清中期
收藏单位　故宫博物院

　　这件绢画供奉于坤宁宫，画的是宫中虔诚供养的萨满教神灵。绢画中共绘有女神七位：一位居中端坐，身着汉式长袍；左右各坐胁侍三位，均着汉装。七位神祇面前摆放供桌一张，上有供器。这些萨满教神灵与其他宗教相比显得朴实、平常，正反映了萨满教原始宗教的性质。

藏传佛教

207

缂丝御笔《喇嘛说》卷

年代　清乾隆
收藏单位　故宫博物院

此卷系在浅驼色地上墨缂乾隆帝御笔行书《喇嘛说》。引首处缂行楷"从俗布公"，边框双勾彩缂缠枝莲纹样。作品采用了平缂、构缂、搭缂等技法，结字圆润规整，字体大小交错，疏密有序。朱缂"八徵耄念之宝"、"自强不息"。钤"宝笈三编"、"石渠宝笈所藏"、"太上皇帝之宝"、"淳化轩宝"、"宣统尊亲之宝"印。作品包首在明黄色地上缂织彩云金龙等纹样。题签缂织"御笔喇嘛说卷"。

此作品缂织考究，装饰精美。《喇嘛说》是清高宗于乾隆五十七年（1792）为制定金奔巴制度亲笔书写而后缂织成卷的。此文总结了清王朝对待藏传佛教（俗称"喇嘛教"）的历史经验和政策，成为清政府处理藏传佛教事务的基本纲领，其政治作用一直延续至清末。此缂丝卷反映了清中央政府对喇嘛教的支持和对实行金瓶掣签制度的高度重视。

208 中正殿

　　位于紫禁城内西北隅宝华殿北侧，淡远楼南侧，面阔三间，进深一间，前出抱厦一间，平面呈"凸"字形，是清宫著名佛堂之一。康熙三十六年（1697）曾以此殿名设立中正殿念经处，隶属于内务府掌仪司，主管宫内喇嘛念经、造办佛像等藏传佛教活动。此殿惜于 1923 年 6 月 26 日夜被建福宫大火殃及，焚为白地。2012 年重建此殿，现为故宫博物院藏传佛教文物研究中心的佛像展厅。

雨花阁

　　雨花阁位于内廷外西路春华门内，是宫中藏传佛教佛堂中最大者，是乾隆皇帝于乾隆十四年（1749）采纳蒙古三世章嘉国师胡土克图的建议，仿照西藏阿里古格的托林寺金殿，在原有明代建筑的基础上改建而成。

　　雨花阁外观三层，一层靠北部设有暗层，为"明三暗四"的格局。底层面阔、进深各三间，四周出廊。乾隆三十二年（1767）添建前檐抱厦三间，南面明间开门。二层面阔、进深各三间，南面明间开门。顶层面阔、进深各一间，南面开四扇隔扇门，两侧为隔扇窗。屋内天花装饰为六字真言及法器图案。四角攒尖顶，屋面满覆镏金铜瓦，四条脊上各立一条铜镏金行龙，宝顶处安镏金铜塔。龙和塔共用铜近一千斤，建筑形制独特，具有浓郁的藏式佛教建筑风格。

雨花阁一层龛

位于雨花阁一层后部，龛前供桌上满置各种供器。龛内原供奉铜无量寿佛、铜四臂观音菩萨、铜尊胜佛母、铜白救度佛母、铜积光佛母、铜大悲观世音菩萨、铜绿救度佛母、铜随求佛母、铜白伞盖佛母，共九尊佛像，后略有改动。龛背后悬挂有唐卡。

雨花阁供奉展现了格鲁派四部供奉体系。四部即事部（亦称"功行品"、"智行品"）、行部（亦称"德行根本品"）、瑜伽部（亦称"瑜伽根本品"）、无上瑜伽部（亦称"无上瑜伽品"）。其中第一层属于藏密的入门阶段。龛两侧有汉满蒙藏四体文题记，其中汉文为："此层供奉智行品佛，应念智行品内无量寿佛、四臂观世音菩萨、尊胜佛母、白救度佛母、积光佛母、大悲观世音菩萨、绿救度佛母、随求佛母、白伞盖佛母等经。"

雨花阁四层龛

位于雨花阁四层正中，龛前供桌上有五供、七珍、八宝等供器，龛内主供藏传佛教格鲁派信奉的三大本尊——大威德金刚（亦称"威罗瓦金刚"）、密集金刚（亦称"秘密佛"）和上乐金刚（亦称"胜乐金刚"、"上乐王佛"）。每尊佛像后面均有一幅与之相对应的唐卡。

雨花阁供奉展现了格鲁派四部供奉体系。其中第四层属于藏密的最高阶段，即无上瑜伽部。龛两侧有汉满蒙藏四体文题记，其中汉文为："此层供奉无上品佛，应念无上品内秘密佛、威罗瓦金刚、上乐王佛等经。"

212

梵宗楼一楼正龛

　　梵宗楼位于雨花阁的西北，坐西朝东，面阔三间，进深一间，卷棚歇山顶二层楼，绿琉璃瓦黄剪边。二层东、南、北三面环以回廊，南边回廊有楼梯通往楼下。

　　第一层主供文殊菩萨一尊，像呈游戏坐，左肩上为般若经，右肩上为智慧剑，高1.1米。

　　文殊菩萨也称"曼殊室利"，是梵文Manjusri的音译。自元代伊始，藏传佛教把中国皇帝看作文殊菩萨在世间的转轮君王，称呼为"曼殊室利大皇帝"，即"文殊菩萨大皇帝"。清乾隆皇帝亦被西藏黄教首领尊称为"文殊菩萨大皇帝"。乾隆于三十三年（1768）建造梵宗楼，实际上成为这一称呼的载体，即从了义和不了义两方面确立起梵宗楼的供奉是为了表明乾隆为文殊菩萨之化身，从而树立起乾隆在藏传佛教诸神中的无上权威性。

213

梵华楼一楼明间内景

　　梵华楼位于紫禁城宁寿宫内东北隅，兴建于清乾隆三十七年（1772），乾隆四十一年（1776）落成。坐北朝南，面阔七间，进深一间，卷棚硬山顶二层楼。梵华楼内七开间，明间以外的六室，代表藏传佛教修行的六个部分，即六品，清代档案亦将梵华楼从佛教角度称为"妙吉祥大宝楼"或"六品佛楼"，这是清宫廷佛堂中的一种重要模式。六室由西向东依次是：一室般若品、二室无上阳体根本品、三室无上阴体根本品、四室瑜伽根本品、五室德行根本品、六室功行根本品。室内依据六品各自的经典供设佛塔、佛像、唐卡、供器和法器。

　　梵华楼一楼明间主供旃檀佛铜像，是紫禁城佛堂中最高大的一尊铜佛像，系乾隆三十九年（1774）由南城圣安寺迁入，是著名的优填王旃檀佛像的明代铜摹像。环旃檀佛北、东、西三面墙挂供释迦牟尼源流本生故事唐卡九幅。

214

梵华楼一楼西梢间内景

此间属于六品中的般若品，室内正中供掐丝珐琅佛塔一座，圆形。塔顶立日月、顶珠，顶部天盘垂璎珞坠角，天盘下为13周塔刹相轮。覆钵形塔身上装饰两周联珠纹，塔身下沿正中有"大清乾隆甲午年（1774）敬造"款。双层仰覆莲塔座，上沿和下沿各饰一周联珠纹，每个莲瓣上装饰五彩缠枝花纹。通体饰蓝色地西番莲花纹和八宝纹。此种样式为13—14世纪时流行的西藏式佛塔式样。珐琅塔下另有圆形紫檀木座和汉白玉座。紫檀木座上浮雕四层仰覆莲，束腰上雕出一圈联珠纹。汉白玉座分六层，自上而下每层分别浮雕飘带八宝纹、卷草纹、卷草莲花纹、卷草纹、叶片纹、如意云头纹。

塔周围北、东、西三壁沿墙放长供案，案上供设珐琅供器。三面墙壁上部挂供三幅唐卡，与墙等宽。每幅唐卡上绘三位护法神，合计九位护法神，分别是白勇保护法、持国天王、增长天王、广目天王、财宝天王、梵王、帝释、难陀龙王、优波难陀龙王。

215

梵华楼二楼明间内景

主供木金洋漆宗喀巴坐像一尊，帽子、身体露出肌肤处髹金漆，其余部分髹接近喇嘛服饰的紫红色漆。头上另外佩戴黄色织金缎帽，帽耳垂肩，上绣六字真言。漆面描金色花纹。宗喀巴面带微笑，神态安详，身着袒右肩式袈裟，双手于胸前施转法轮印，并各执莲花茎。莲花置于双肩，左肩莲花上雕刻经卷，右肩莲花上雕刻宝剑。全跏趺坐在金洋漆九龙宝座上，宝座前木金洋漆供桌上供紫金利玛宗喀巴一尊、泥金瓷五彩轮两件、乾隆年制铜掐丝珐琅巴苓五件、银镏金珐琅五供五件。北、东、西三壁悬挂宗喀巴源流画像三幅。

216

梵华楼二楼西次间内景

正中是天井围栏，与一楼相通。北壁前设紫檀供案，案上放须弥长座，座上供九尊大铜佛，即上乐王佛、白上乐王佛、持嘎巴拉喜金刚佛、持兵器喜金刚佛、大幻金刚佛、佛陀嘎巴拉佛、时轮王佛、瑜伽虚空佛、佛海观世音佛，为无上阴体根本品主佛。北壁上挂彩色唐卡，绘本品九尊佛画像，与铜佛一一对应。案前东西两墙内镶嵌紫檀木佛格，佛格分三层，上层供奉122尊本品小铜佛，中层供奉佛经，下层供奉法器。在过道门上方贴说语两幅，汉满二体一幅，蒙藏二体一幅，内容基本相同。

217

弘历佛装像唐卡

年代　清乾隆
收藏单位　故宫博物院

乾隆皇帝头戴班智达帽，身着僧衣，左手持法轮，右手施说法印，全跏趺坐在莲花托宝座上，作为曼殊室利（文殊菩萨）化现的形象。上方三个圆轮中，正中表现的是本初佛大持金刚与大成就者，左右表现的是显密诸佛，以下各组合分别表现了诸菩萨、女尊、护法及方位低级神等。此唐卡为乾隆中期佛装像，勾线工整流畅，色彩丰富，应为喇嘛画师所绘。

218

三世章嘉胡土克图唐卡

年代　乾隆五十一年（1786）
收藏单位　故宫博物院

章嘉若必多吉即三世章嘉，为清代黄教四大活佛之一，掌内蒙古、山西、甘青宗教事务，长期驻锡北京，任掌印扎萨克达喇嘛，管理京畿地区藏传佛教事务。他精通汉满蒙藏等文字，贯通显密经典，是一位博学多才的佛学家。图中，三世章嘉左手托甘露瓶，右手施说法印，全跏趺坐于宝座上。上方正中为无量寿佛，右为大威德金刚，左为二世章嘉。下方正中为六臂勇保护法，右为降阎摩尊，左为吉祥天母。背面有白绫签，墨书汉满蒙藏四体文题记，汉文云："乾隆五十一年十二月二十六日钦命中正殿画佛喇嘛绘画供奉利益画像章嘉胡土克图。"此唐卡为三世章嘉圆寂不久，乾隆皇帝为纪念他而命宫中画佛喇嘛绘制的。

219

六世班禅额尔德尼唐卡

年代　乾隆四十五年（1780）
收藏单位　故宫博物院

　　乾隆四十五年（1780），六世班禅罗桑贝丹益西万里跋涉，从后藏日喀则到达承德避暑山庄朝觐乾隆帝，并参加了乾隆帝七旬万寿庆典，同年因病圆寂于北京西黄寺。

　　图中，六世班禅左手托宝瓶，右手施说法印，全跏趺坐于龙首宝座上。上方正中为无量寿佛，两旁为大威德金刚和五世班禅；下方正中为六臂勇保护法，两旁为降阎摩尊和吉祥天母。背面有白绫签，墨书汉满蒙藏四体文题记，汉文云："乾隆四十五年七月二十一日圣僧班禅额尔德尼自后藏来觐。上命画院供奉绘像留弃，永崇信奉，以证真如。"此唐卡是乾隆皇帝为纪念六世班禅而命宫廷画师绘制的，是一幅具有历史意义的写实肖像。

220

释迦牟尼佛源流唐卡（之一）

年代　乾隆五十四年（1789）
收藏单位　故宫博物院

　　"释迦牟尼佛源流"为清宫称谓，即俗称的释迦牟尼佛本生故事。图中，释迦牟尼佛居中，周匝绘以佛本生故事，如同枝繁叶茂的大树，故藏地佛教徒将此称为"如意宝树"。此唐卡一堂31轴，绘功业故事108品，自乾隆五十四年（1789）一直庋藏于宫中佛堂佛日楼上，至今完好如新。

221

迦叶佛唐卡

年代　乾隆四十二年（1777）

收藏单位　故宫博物院

　　迦叶佛通常被称作过去佛，以其为释迦牟尼佛前世之师，是"过去七佛"中第六尊。此轴为六世班禅喇嘛于乾隆四十二年（1777）进献朝廷的一套七佛唐卡之一幅。乾隆帝命三世章嘉国师考订画像内容，将七佛偈译为汉满蒙藏四体文字补题于画幅之上，钦命依此套画像为蓝本，将七佛图镌刻立石，建塔供奉，并亲撰《七佛塔碑记》记其事。碑、塔建于北海大慈真如宝殿以北，外覆碑亭。

222

纸本墨拓描金释迦牟尼佛唐卡

年代　乾隆四十二年（1777）

收藏单位　故宫博物院

　　释迦牟尼佛居"过去七佛"之末，而以教法论则为现在佛，其名义为能仁、寂静。七佛之事在《杂阿含经》、《长阿含经》、《增一阿含经》、《贤劫经》、《七佛父母姓字经》、《七佛经》等中俱有记述。

　　背面有白绫签，墨书汉满蒙藏四体文题记，汉文云："乾隆四十二年五月初一日钦命照班禅额尔德尼所贡番佛像七轴，考定次序及七佛父母眷属，并以佛偈译成四体，各书其上者，泐石摹拓，用广流传，永成胜果。"

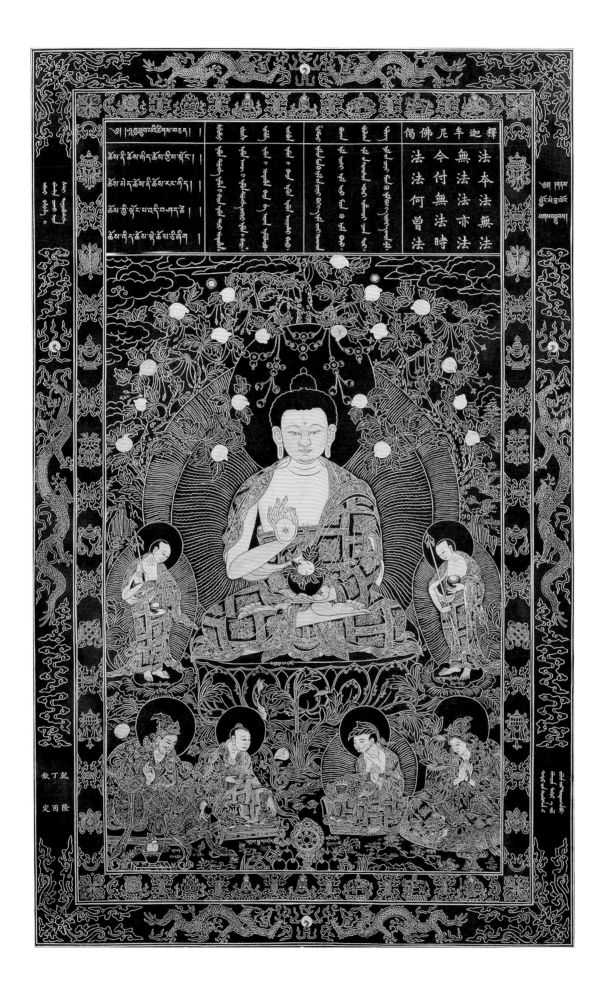

223

威德吉祥天母唐卡

年代　乾隆四十三年（1778）
收藏单位　故宫博物院

　　吉祥天母呈愤怒相，头戴骷髅冠，左手托嘎巴拉碗，右手举金刚棒，骑骡驰骋于血海之中。上方绘密集金刚、大威德金刚和上乐金刚。周围是吉祥天母的伴神春、夏、秋、冬四季女神，以及五大长寿天母、十二丹玛女神。背面有白绫签，墨书汉满蒙藏四文题记，汉文为："乾隆四十三年闰六月初一日奉旨交章嘉胡土克图按照经文恭敬画像供奉威德吉祥天母、哩嘛弟兽像护法、狮像护法、四时吉祥天母、增福吉祥天母、五大长寿天母、十二永护法宗天母等，全分妙德吉祥，能成万事大利益诸像佛一轴。"

224

缂丝阳体秘密佛唐卡

年代　乾隆四十六年（1781）
收藏单位　故宫博物院

　　秘密佛亦称"密集金刚"，为藏传佛教格鲁派信奉的三大本尊之一。蓝色身，三面六臂，头戴五叶宝冠。主臂双手各持金刚杵和金刚铃，并拥抱明妃——可触金刚母，象征方法与智慧双运。右侧手持法轮、白莲，左侧手持摩尼宝珠、宝剑。全跏趺坐于莲座上。

　　背面有白绫签，墨书汉满蒙藏四体文题记，汉文为："乾隆四十六年十一月初五日钦命章嘉胡土克图认看供奉利益缂丝阳体秘密佛。"

　　此唐卡纬线设色退晕，采用平缂、构缂、长短戗等多种缂丝技法。

225

绣像十一面观世音菩萨唐卡

年代 乾隆四十三年 (1778)

收藏单位 故宫博物院

十一面观音，是诸多观音菩萨形象中常见的一种。十一个颜面象征菩萨修完"十地"，最后功行圆满，到达第十一地（佛地）。此幅唐卡主尊为白色立姿十一面千手观音像，他面向前方的三面作菩萨善面慈悲相，代表宝部；左侧三面作嗔怒相，代表金刚部；右侧三面寂静安详，代表莲花部；九面之上为一蓝色忿怒面，头戴骷髅冠，三目怒睁，表示劝喻改邪归正、改恶归道；最上一面为阿弥陀佛，代表佛部。其前方八臂当中双手合十，身后则是呈扇形排列的千手千眼，千手表示护持众生，千眼表示观照世间，都是大悲的表现。画面上方四尊佛像从左至右分别为阿閦佛、释迦牟尼佛、毗卢遮那佛、宝生佛；第二行左为阿弥陀佛，右为不空成就佛；左下方为黄教祖师，右下方为仲敦巴。

226

紫檀雕花框极乐世界佛屏

年代 乾隆四十二年 (1777)

收藏单位 故宫博物院

清宫档案中将这类物品称为"漆泥子佛挂龛"。也就是说，在清代宫廷的观念中，这是一种用来供奉佛教尊神的龛，而不是普通装饰用的挂屏。另外，这种挂龛供的是漆泥子佛。所谓的漆泥子佛就是大家常说的藏传佛教中的擦擦，以净泥为胎，压模成型，然后根据尊神的特征绘画色彩。

这件佛屏中，主尊为西藏高僧打扮，右手施说法印，左手施禅定印托法轮，左右肩头莲花上分别是剑和佛经，与文殊菩萨的特征一致。坐垫下方有两行藏文诗，译作："睿智文殊人之主，游戏圣主法之王。金刚座上安奉足，意愿天成善福缘。"

佛屏以紫檀木为边框，杉木为心，挖出供龛95个，每个里面都供奉一尊泥擦擦佛。每尊擦擦佛均有藏文题名，各龛罩玻璃，外贴绘绢画。大宝楼的正中是高僧（乾隆皇帝），端坐在三层大宝楼下正中，形象高大，其上两层中有格鲁派最为推崇的本尊神，如密集金刚、大威德金刚、胜乐金刚等，头上正中即代表密法传承的最高本初佛大持金刚；大宝楼上方是前来供奉的伎乐天人形象和吉祥云彩；大宝楼两边为青绿山水、世间风光，供龛中以祖师像为主。大宝楼的下方是莲花池，池的下方有两排护法神。

 227

银间镏金三世章嘉像

年代　清乾隆
收藏单位　故宫博物院

　　三世章嘉活佛若必多吉慈眉善目，鼻宽口阔，神态安详。右面颊有一小包，是章嘉的面相特征，具有写实性。此造像局部镏金，装饰华丽，是乾隆时期宫廷造像的代表作品。

228

银三世达赖喇嘛像

年代　清乾隆
收藏单位　故宫博物院

　　三世达赖喇嘛，名索南嘉措，是西藏佛教史中的重要人物。明中期时，三世达赖喇嘛在蒙古地区传教，为格鲁派在西藏蒙古等地的蓬勃发展奠定了重要基础。这尊三世达赖喇嘛坐像为银片锤揲而成，一面二臂，身披通肩式袈裟，左手施禅定印，右手施说法印，全跏趺坐在三层座垫上，造型简洁，法相庄严，是一尊颇具写实性且工艺水平很高的造像。此像一直供奉在雨花阁东配殿，乾隆皇帝为此像配置了黑漆描金佛龛，并于背板上阴刻填金汉满蒙藏四体文，其汉文为："乾隆四十四年七月初十日钦命章嘉胡土克图认看供奉利益银造三辈达赖喇嘛。"

铜镏金扎雅班第达祖师像

年代　17世纪
收藏单位　故宫博物院

　　扎雅班第达，原名纳海姆哈嘉木措，是17世纪厄鲁特蒙古著名的高僧，青年时期在西藏游学22年，后奉五世达赖喇嘛之命回到厄鲁特，一生致力于藏传佛教在蒙古西部的传播。该像一面二臂，面容清瘦，满布皱纹，慈颜含笑，是一个饱经沧桑但意志坚定的睿智老者形象。扎雅班第达祖师左手施禅定印，右手施说法印，全跏趺坐于三层座垫上。根据佛像底板上托式文题记记载，此像是他圆寂后由五世达赖批准、请尼泊尔工匠在西藏拉萨制作而成，具有极其重要的历史价值。

紫金宗喀巴像

年代　乾隆四十六年（1781）
收藏单位　故宫博物院

　　一面二臂，寂静相，眉间白毫嵌珍珠一颗。身着右衽僧袍，佩饰耳珰、项链、臂钏、手镯、脚镯。双手于胸前施转法轮印，并各执莲花茎。莲花置于双肩，左肩莲花上托经卷，右肩莲花上托宝剑。全跏趺坐在仰莲底座上。莲座下为双狮须弥座，座正前方嵌一大颗绿松石珠，底座正中台布上面刻"大清乾隆年敬造"款。身后大背光由莲花枝叶组成，并镶嵌各种宝石；背光顶部张开一伞盖，伞盖下为上乐金刚小像。背光背面阴刻汉满蒙藏四体文，其中汉文为："乾隆四十六年岁在辛丑冬十月吉日，奉旨：照西藏扎什伦布式成造紫金利益利玛宗喀巴，永兴黄教，普证圆成，吉祥如意。"

金敏捷文殊菩萨像

年代　清乾隆
收藏单位　故宫博物院

　　文殊菩萨一面四臂，头戴三叶宝冠，身披璎珞，右上手举宝剑，右下手握羽箭，左上手执弓，左下手持莲花茎，莲花盛开于左肩上，上托玉质梵箧、葫芦形背光，全跏趺坐于高茎莲花座上。此像为宫廷造办处作品。

铜镏金四臂观音菩萨像

年代　清康熙
收藏单位　故宫博物院

　　观音头戴五叶宝冠，葫芦形发髻，袒上身，佩饰项链、璎珞，镶嵌珍珠、宝石，雍容华贵。腰束长裙，衣纹起伏自然。胸前双手合十，身后双手上举，左手持莲花，右手所持念珠缺失，全跏趺坐。下承仰覆莲座，莲瓣雕卷云纹。莲座下沿阴刻汉满蒙藏四体铭文，述康熙帝为其祖母孝庄文皇后祝寿而造此像。供奉于大佛堂。

紫檀木旃檀佛像

年代　清乾隆
收藏单位　故宫博物院

　　旃檀佛立姿，左手施与愿印，右手施无畏印，这是旃檀佛的标准造型。佛着贴体袈裟，身体形态隐现于衣纹之下。这尊像选用上好紫檀雕造，用材考究，为清宫廷作品。供奉于宝华殿。

234

铜大威德金刚像

年代　清乾隆

收藏单位　故宫博物院

　　大威德金刚又称"威罗瓦金刚"，为藏传佛教格鲁派信奉的三大本尊之一，特点鲜明，九面，三十四臂，十六足，各有蕴意。九头中最上的是文殊菩萨面，正中的大牛头犄角尖锐有力，须发红赤，极力夸张其愤怒和威猛之情，其余各面均作愤怒相。三十四臂所持法器各异。十六足踩踏八兽、八飞禽、八方天神。多臂排列成左右两扇面形，展左立姿，胸前挂垂骷髅鬘。

235

紫金大持金刚像

年代　乾隆五十九年（1794）
收藏单位　故宫博物院

　　大持金刚，又名"持金刚"、"金刚持"等，他的起源与著名的金刚手菩萨有密切的关系。在印度，最迟到10世纪上半叶，大持金刚已经正式有了本初佛的身份，成为印藏佛教中接受度最为广泛的本初佛。

　　此像由紫金制成，一面二臂，头戴五叶冠，葫芦形发髻，耳后有束发缯带，寂静相，面部泥金。祖露上身，下身着裙，佩饰项链、臂钏、手镯、脚镯。双手相交于胸前，施金刚吽迦罗印，左手持金刚铃，右手持金刚杵，全跏趺坐于圆形束腰仰覆莲底座上。莲座下沿正中阴刻"大清乾隆甲寅年敬造"款。这尊大持金刚造型规整，姿态优美。供奉于清宫佛日楼。

236

紫金白上乐王佛像

年代　清乾隆
收藏单位　故宫博物院

　　白上乐王佛为紫金铸成。主尊一面三目二臂，寂静相。头戴五叶冠，葫芦形发髻，祖露上身，下身着裙，佩饰耳珰、项链、臂钏、手镯、脚镯，其上均镶嵌松石。双手各捧一珊瑚质宝瓶，并相交于胸前，拥抱明妃金刚瑜伽母。身后有铜镏金卷云纹葫芦形背光。全跏趺坐于铜镏金单层仰莲座上，下承铜镏金方形双狮纹台座。明妃亦一面二臂，寂静相。头戴五叶冠，葫芦形发髻。右手持钺刀，左手持嘎布拉碗，双腿环绕于主尊腰间。

　　此像供奉于银龛之内，龛体下沿一周有阳文藏文咒。龛背刻有汉满蒙藏四体文题记，其中汉文为："乾隆三十八年闰三月十六日钦命阿旺班珠尔胡土克图认看供奉利益新造阴体白上乐王佛。"

紫金观音菩萨像

年代　清乾隆
收藏单位　故宫博物院

　　观音菩萨为紫金铸成，一面三目二臂，寂静相。头戴五叶冠，葫芦形发髻。袒露上身，肩披帛带，胸前斜披络腋，下身着裙，佩饰耳珰、项链、臂钏、手镯、脚镯，上均镶嵌松石。左手持金刚钩，右手持罥索。身后有铜镏金卷云纹葫芦形背光。全跏趺坐于铜镏金单层仰莲座上，下承铜镏金方形双羊纹台座。台座正面下沿有藏文题刻，意为"权衡三界观世音菩萨"。

　　此像供奉于银龛之内，龛体下沿一周有阳文藏文咒。龛背刻有汉满蒙藏四体文题记，其中汉文为："乾隆三十一年八月初九日钦命阿嘉胡土克图认看供奉大利益扎什利玛权衡三界观世音菩萨。"

铜无量寿佛像

年代　清乾隆

收藏单位　故宫博物院

　　这是一组五尊无量寿佛造像，每一尊均作菩萨打扮，双手施禅定印，捧长寿甘露瓶。通常清代宫廷中喜欢将九尊无量寿佛成组供奉，以取汉语"久"（长久之意）之谐音，表示祝寿之吉祥含义，但也有例外，如这一组只有五尊，供在一个紫檀木屏风式佛龛上。可以明显看出来五尊造像是同一批的作品，镏金、造型、风格、特点都极为接近，其鼻梁、面部表情、发冠的处理方式都明显受到尼泊尔风格的影响。尽管紫檀木屏风式佛龛后面没有任何题记，但是从造像风格判断，这五尊无量寿佛均是西藏的作品，是专门为皇帝祝寿而制作并送到北京来的。进宫廷以后，由内务府造办处重新添配紫檀木屏风式佛龛和底座，放在乾隆花园萃赏楼供奉。这是清宫比较常见的一种供奉佛像的方式。

239

铜镏金瑜伽品佛像

年代　清乾隆
收藏单位　故宫博物院

　　这九尊铜佛供于梵华楼四室瑜伽根本品（瑜伽部）楼上北侧供桌上，分别为：普慧毗卢佛、金刚界佛、度生佛、成就佛、能胜三界佛、最上功德佛、密德文殊室利佛、法界妙音自在佛、九顶佛。其中智慧毗卢佛居中，其余八佛分位于左右。

　　每尊佛像的造型严格遵循经典仪轨，完整地展现出瑜伽根本品主尊形象。并且，在每尊佛像的莲花宝座前方中部，均铸造有"大清乾隆年敬造"款，明确无误地标明其制作年代。

240

铁鋄金大黑天像

年代　明永乐
收藏单位　故宫博物院

　　大黑天头戴骷髅冠，顶严化佛，双眼圆睁，
须眉上扬，一手持银质钺刀，一手持噶布拉碗，
胸前佩挂璎珞与骷髅项链。像为铁制，以合大黑
天之身色，工艺精湛，匠心独具。座前有阴线刻
"大明永乐年施"款。

缂丝十六罗汉图挂屏

年代　清乾隆
收藏单位　故宫博物院

　　挂屏成对陈设于乾隆花园养和精舍，紫檀木
边框，屏心内嵌缂丝罗汉图像，两屏合为十六罗
汉图。"罗汉"是梵文阿罗汉的略称，意译应真、
真人等。十六罗汉出自唐玄奘所译《大阿罗汉难
提密多罗所说法住记》，其中详细介绍了十六罗汉
的姓名、事迹和功德成就，使其在汉地受到普遍
信仰。按佛经记载，本来罗汉证得阿罗汉果位后，
就完成了自身的修行，但依佛陀遗教，要他们以
神通力量延长寿命，不入涅槃，常住世间，护持
佛法。因此，信仰罗汉即被赋予了延长福寿的宗
教内涵，这也便是乾隆皇帝在乾隆花园一区大量
供奉罗汉的原因所在。

　　两幅图上方分别缂有隶书乾隆皇帝御制诗
《题丁观鹏白描十六罗汉卷》上下阙。

242

硬木嵌玉十六罗汉像屏风

年代　清乾隆
收藏单位　故宫博物院

　　1757年春，乾隆皇帝第二次南巡，到圣因寺礼拜时看到了该寺收藏的五代著名高僧、画家贯休的《十六罗汉图》，大为赞叹。此画见于《宣和画谱》的记载，在南宋初年由内府流落到这里，流传了近千年。罗汉之名是按照唐代翻译的《法住记》而定的传统汉文音译名，于是，乾隆皇帝按照他钦定的《同文韵统》的合音字，用汉字拼读读梵文罗汉名，并按照三世章嘉若必多吉为他考定的十六罗汉的次序，亲笔在画上题写。最后，并在文后题了一段跋文，交代了这一段故事。原画则遵照乾隆皇帝的圣旨珍藏于圣因寺西湖山房之内。

　　咸丰十一年（1861），太平军李秀成部攻陷杭州，圣因寺遭受劫难，贯休原画流失，妙相亭亦

毁于兵灾，但汉白玉佛塔尚保存完整。1963年汉白玉塔迁往杭州孔庙（现杭州碑林），保存至今。北京北海的妙相亭和塔随万佛楼一起并存至今，只是上面的御笔赞文已经变得漫漶不清。

　　这十六扇屏风的每尊罗汉的形象均用嵌玉表现，工艺复杂，体现出相当高的技术水平。每扇屏风背后为黑漆地描金绘画图案，以植物题材为主，如兰草、古松、芭蕉、荷花及松竹梅组合等，雍容华贵。十六扇屏风排列在一起，无论从正面观看，还是从背面欣赏，都足以让人震撼不已。

　　根据清宫档案记载，这十六扇屏风是乾隆四十二年（1777）由大臣国泰贡献给乾隆皇帝的，受到乾隆皇帝的喜爱。乾隆皇帝特意撤下了云光楼楼上所供的围屏画，将此屏风供奉于此。

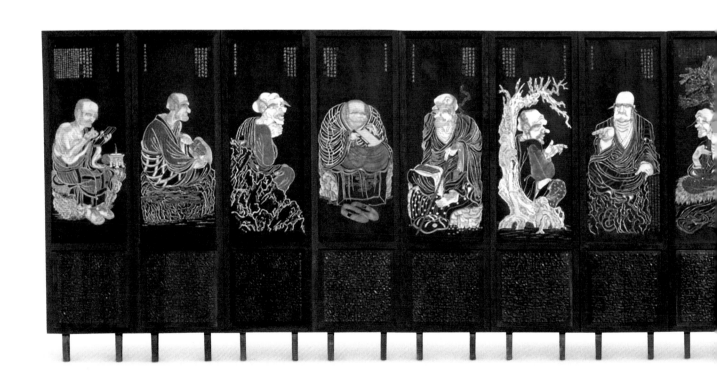

御笔七言对联

年代　清乾隆

收藏单位　故宫博物院

　　对联挂于萃赏楼东佛龛紫檀木雕花框极乐世界佛屏的两边，联曰："便有香风吹左右，似闻了义示缘因。"上联右上角钤椭圆形篆书阴文印"奉三无私"；下联左侧钤方形篆书印两方，一为阳文"所宝惟贤"，一为阴文"乾隆御笔"。

　　佛教认为，能够准确阐明的佛教教义，叫"了义"，反之，则叫"不了义"。缘因，即因缘，佛教常以事物相互间的关系来说明它们发生和变化的现象，其中在事物中起主要直接作用的条件叫作"因"，起间接辅助作用的条件叫"缘"，引申为道理、规律。对联的大意是说，香风在我的左右吹拂，我好像闻到了"了义"显示因缘。

梁国治书《佛说作佛形像经》贴落

年代　清乾隆
收藏单位　故宫博物院

贴落粘贴于养和精舍楼上即云光楼南间楣上，由大臣梁国治敬书。《佛说作佛形像经》，西晋月氏国三藏竺法护译。此经大意说，佛来到至拘盐惟国的诸树园，国王优填只有14岁，听说佛来，即敕命大臣们都要整顿车马，恭迎佛的到来。国王远远地看见佛，心中踊跃欢喜，即下车步行至佛前，以头面着佛足，围绕佛走了三圈，长跪叉手。国王说："佛离开后，我恐怕再也见不到佛了，我想作佛形像，恭敬供奉佛，以后一定能得到无穷的福气。愿佛为我解说，我愿聆听。"于是佛为国王解说："作佛形像者，再生于世时，眼目净洁，面貌端正，身体手足常好。生于天上亦净洁，与诸天绝异，眼目面貌好。作佛形像者，后世常生帝王、王侯家，或为贤善家作子。作佛形像者，后世生于富贵家，钱财珍宝不可胜数，常为父母、兄弟、宗亲所重爱。作佛形像者，其得福过于四天下江、海水十倍。后世所生，为人所敬护。"佛告诉国王："行善者，作佛形像其得福佑。"国王欢喜，上前向佛行礼，以头面礼顶佛足。王、群臣都向佛行礼而去。凡作佛像和行善者寿终皆转生于阿弥陀佛国。

梁国治，字阶平，号瑶峰，一号丰山，又号梅塘，浙江会稽（今浙江绍兴）人。乾隆十三年（1748）进士，殿试头名状元。先授编修，后充日讲起居官、国子监司业。乾隆二十一年（1756）接任广东道员。乾隆二十五年（1760）移署粮驿道，因政绩卓著，擢都察院左副都御史、吏部左侍郎。后授山西冀宁道，迁江苏学政、湖南布政使、湖北巡抚。乾隆三十四年（1769），署湖广总督，兼荆州将军。乾隆三十八年（1773）奉诏回京，命在军机处行走，次年授户部侍郎，迁户部尚书。乾隆四十八年（1783），协办大学士。乾隆五十年（1785），累迁至东阁大学士兼军机大臣、户部尚书。平生治事缜密，不徇私情，廉政清俭，乾隆下谕称赞其"品学端醇，小心谨慎，扬历中外"。工书法，著有《敬思堂文集》。卒于乾隆五十一年（1786），赠太子太保，谥"文定"。

佛說作佛形像經

佛至拘鹽惟國，有諸樹園，主名拘翼。時國王名優填，年十四，聞佛當來，王即勅傍臣左右，皆悉嚴駕，王即行迎佛。遙見佛，心中踊躍歡喜，王即下車，步罷傍臣左右持蓋者，王趨迎佛前，以頭面著佛足，遶佛三匝，長跪叉手。白佛言：天上天下人民，無有能及佛者。今佛面目身體，行步光明巍巍好，乃如是。我視佛無有獸極時，今佛是天上天下人之師也。佛慈心所愛者多。佛默然不應。王復白佛言：人作善者，其得福祐當何？

作佛形像，所生處無有惡，身體皆完好，死後復勝餘天，端正絕好無比，為梵天上諸天所敬。作佛形像得福如是。作佛形像，後世當生豪貴家，其實與世間人絕異，所生處不在貧窮家作子。作佛形像，其得福如是。作佛形像者，後世身體常紫磨金色，端正無比。作佛形像，後世所生處，當生富家，錢財珍寶不可勝數，常為父母、兄弟、宗親所重愛。作佛形像，其得福如是。作佛形像，後世生閻浮利地，常生帝主王侯家，或為賢善家作子。

像後世生常敬佛，慈心於經，常持雜繒綵、好華、好香，然燈火，諸天下珍寶奇物，持上佛舍利，其後無數劫會，當得泥洹道。人有出意持珍寶上佛者，皆非凡人，皆是前世故作佛道。作佛形像，其得福如是。作佛形像，後世得福無有窮極盡時，不可復稱數。四天下江海水尚可斗量枯盡，作佛形像，其得福過於四天下江海水十倍，後所生為人所敬護。作佛形像，辟若天雨水，人有好舍無所畏。作佛形像，後世死不復更泥犁、禽獸、薜荔惡道。

245

曹文埴书《佛说八大菩萨经》贴落

年代　清乾隆
收藏单位　故宫博物院

　　贴落粘贴于养和精舍楼上即云光楼北间楣上，由大臣曹文埴敬书。卷末落款后钤方形篆书阴文印"臣曹文埴"和方形篆书阴文印"敬书"。

　　《八大菩萨经》全一卷，宋朝法贤译。经文大意为佛陀告诉弟子舍利弗，若能一心谛听或忆念或书写或诵读善精进吉祥如来、普照如来、吉祥如来、捺啰计都特嚩惹王如来、喜功德光自在王如来等佛名号，则能不堕于恶趣，不生于下贱，免于五浊、三灾、八难等，成就最上道。该经名

为"八大菩萨"，乃取经首所列八大菩萨之名（妙吉祥、圣观自在、慈氏、虚空藏、普贤、金刚手、除盖障、地藏）而立。

　　曹文埴，字竹虚，安徽歙县人。乾隆二十五年（1760）二甲传胪，授编修，在懋勤殿任事。后任翰林院侍读学士，命在南书房行走，教习皇子。后迁左都御史，先后执掌刑部、兵部、工部、户部，兼任顺天府府尹。乾隆五十二年（1787）辞官归养，乾隆帝赐以太子太保衔。卒后谥"文敏"。

佛說八大菩薩經

如是我聞一時佛在舍衛
國祇樹給孤獨園與大苾
芻眾千二百五十人俱復
有八大菩薩摩訶薩其名
曰妙吉祥菩薩摩訶薩聖
觀自在菩薩摩訶薩慈氏
菩薩摩訶薩虛空藏菩薩
摩訶薩普賢菩薩摩訶薩
金剛手菩薩摩訶薩

菩薩摩訶薩
梵授菩薩摩
訶薩天冠菩
薩摩訶薩如
是等諸大菩
薩皆来會坐
爾時世尊告
舍利弗汝今
諦聽過東方
恒河沙數世
界有一佛剎
名無能勝彼
土有佛名善
精進吉祥如
来應正等覺
現為眾生說
微妙法復次
舍利弗又過
東方十恒河
沙世界有一
弗利名曰無

正等覺現為
眾生說微妙
法復次舍利
弗又過東方
五恒河沙世
界有一佛剎
名曰離塵彼
土有佛號喜
功德光自在
王如来應正
等覺現為眾
生說微妙法
佛告舍利弗
若有善男子
善女人等於
此經中聞是
諸佛如来名
號一心諦聽
或自憶念或
書寫讀誦或
為

掐丝珐琅释迦牟尼坛城

年代　清乾隆
收藏单位　故宫博物院

坛城，又称"曼荼罗"或"曼陀罗"，是指用立体或平面的方圆几何图形绘塑神像、法器，表现诸神的坛场和宫殿。坛城是密教修习和供奉的重要法物。

这座坛城是以掐丝珐琅工艺制成，台座四面分别绘有青、黄、赤、白、绿五色，代表地、水、火、空、风。高台中央宫殿内供奉释迦牟尼佛，表明该坛城的身份。

掐丝珐琅大威德金刚坛城

年代　清乾隆
收藏单位　故宫博物院

这座坛城以掐丝珐琅工艺制成。高台中央宫殿内所供奉的大威德金刚是该坛城的主尊。坛城体积庞大，选材贵重，工艺精美，色彩鲜艳丰富，是皇家佛堂供器的代表。

绣蓝缎璎珞法衣

年代　清乾隆

收藏单位　故宫博物院

　　法衣是藏传佛教活佛在重大宗教法事时所穿用的服饰，分为云肩、袖、裙、饰品四部分。

　　云肩，四边形，中间为圆领口，以蓝色素缎为地，四角为平两色金绣如意云头形，饰八宝纹。胸前一角垂饰平金绣如意云头及五彩绣释迦牟尼佛像。表层缀饰染骨珠网状璎珞，璎珞间为十六块染骨雕板，上雕佛像、菩萨像、金刚杵、莲花等，璎珞下缀明黄丝穗及金铃。

　　袖，上宽下窄，蓝色缎面上用五彩丝线绣祥云、双鱼及海水江崖，表层缀饰染骨雕金刚杵和莲花璎珞。

　　裙，梯形片状，用缎带系于腰间。蓝色素缎为地，下摆用五彩丝线绣海水江崖，左右裙裾对称绣金色双鱼、宝盖，五彩云纹间饰蝙蝠、法轮、如意、珊瑚。裙腰平金绣相向金龙两条。表层缀染骨珠网状璎珞。腰部璎珞间饰十五块染骨雕板，上雕佛像、菩萨像等。下部璎珞间饰染骨雕花卉纹圆板。璎珞下缀明黄丝穗及金铃。

　　饰品，包括染骨雕花板和染骨珠所穿成的耳饰一对、护臂一对，染骨雕四大天王像板和染骨珠穿成的饰带一条。

249

银镏金五叶宝冠

年代　清乾隆

收藏单位　故宫博物院

宝冠分为冠饰、耳饰两部分。

冠饰为五片，每片以青色绒为地，上饰錾花板，板上錾有一梵文种子字，以象征五方佛之五智三德，并缀饰珍珠宝石。

耳饰为左右两组，每组均为黄、绿、红素缎三片，上端累叠在一起，饰累金丝如意云头。下端三片分开，明黄色缎上绣蓝色彩云升龙，绿色缎上绣灰色彩云升龙，红色缎上绣黄色彩云升龙，黄色缎和红色缎还各缀三枚金铃。绣法以套针、缠针、齐针、滚针为主，针脚平齐细致，晕色自然精妙。

250

铜铃

年代　清乾隆
收藏单位　故宫博物院

　　铃是藏传佛教常用法器，常在修法时摇响，使修行者警觉、喜悦，同时它还表明佛智之体坚固，具有摧破烦恼之功能，在密教中常象征智慧。

251

铜杵

年代　清乾隆
收藏单位　故宫博物院

　　杵是藏传佛教常用法器，修法时与铃配合使用，象征佛法无坚不摧的力量，在密教中常象征方便（修行的方法）。

252

和田玉御笔佛像钵

年代　清乾隆
收藏单位　故宫博物院

　　钵深直腹，圆底，外形浑圆，凝重饱满，古朴典雅。青玉制成，表面染成蓝色。外壁阴刻填金"过去七佛像"和乾隆帝御笔《过去七佛偈》。内壁阴刻填金《题和田玉七佛钵》御制诗一首。该钵是乾隆帝仿照苏州开元寺所藏佛钵样式，采用和田美玉精雕细作而成。

253

青玉五供

年代　清乾隆
收藏单位　故宫博物院

　　五供又称"五具足"，由香炉一件、蜡扦两件、花觚两件组成，是修法必须供奉的五种物品。其中，香炉用于烧香，蜡扦用作点灯之烛台，觚用作置水插花的花瓶。这套五供为青玉制成，上有莲花、万寿等吉祥寓意的图案。

金地粉彩勾莲八宝纹五供

年代　清乾隆
收藏单位　故宫博物院

　　五供外壁以金彩为地，上绘五彩勾莲八宝纹。
香炉口沿、蜡扦中盘和花觚中腹处署长方形六字
篆书款"大清乾隆年制"。

255

绿地粉彩七珍

年代　清乾隆
收藏单位　故宫博物院

　　七珍，亦称"七政宝"，由金轮宝、摩尼宝、玉女宝、主藏臣宝、白象宝、绀马宝、将军宝组成，为佛前常设供器。七政宝原为古印度神话中转轮王福力所生之宝。在佛教中，七珍代表"大圆满七觉支"，即能增长觉悟智慧的七种修行。

　　这套七珍是以雕塑瓷技法制作成型，再施以各色釉彩分段烧造组装而成。外底署方形六字篆书款"大清乾隆年制"。

256

铜镏金嵌松石座松石八宝

年代　清乾隆
收藏单位　故宫博物院

　　八宝为佛前常设供器，由法轮、法螺、宝伞、宝盖、莲花、宝罐、双鱼、盘长组成，且各自代表不同的佛教含义。

　　这套八宝用松石雕刻而成，下承铜镏金莲座，莲座的莲瓣、花茎等满嵌松石。

白地矾红彩龙纹瓷高足供碗

年代　清乾隆
收藏单位　故宫博物院

供碗由盖、身和供托三部分组成。盖、身皆白胎，饰釉里红双龙戏珠纹。盖上立一凤形纽。碗身下承细高足，置于六瓣葵花形剔红供托上。供托在保证供碗稳定性的同时，更与供碗交相辉映，显得庄重华丽。供碗内底署方形六字篆书款"大清乾隆年制"。

金釉五彩法轮

年代　清乾隆
收藏单位　故宫博物院

法轮为佛前常设供器。据佛经说，佛初成道时，梵天曾请佛转动法轮，宣说大法。佛陀在鹿野苑的第一次说法也被称为"初转法轮"。此后，佛教中即常以法轮比喻佛法，以法轮常转比喻佛陀教法的传播永不停息。

法轮通体施金色釉。上部为扁平圆桃形，两面纹饰相同，中心饰天蓝色花瓣、红色花蕊的菊花。轮壁外圈饰卷云纹。下部为圈足，胫部饰凸起的莲瓣纹。外底署方形六字篆书款"大清乾隆年制"。

259

银镏金盖座嘎巴拉碗

年代　清乾隆
收藏单位　故宫博物院

　　嘎巴拉为梵文"Kapala"（颅骨之意）的音译，是大悲与空性的象征，既是藏传佛教常见供器，也常在修行和灌顶仪式中使用。

　　碗身为人颅骨制成，内衬银里。碗盖和碗托皆为银质。碗盖上刻八宝纹、如意云头纹。碗托三角形，三角各有一个人头，底板四周饰摩尼宝珠。

260

铜镏金嵌松石塔

年代　清乾隆
收藏单位　故宫博物院

　　塔顶饰日月宝珠，象征佛教之精神与灵气。天盘垂璎珞一周，下为十三相轮，代表佛界之"十三天"。塔身饰璎珞，正面开龛，内供铜镏金无量寿佛一尊。在塔座正中镶嵌的松石上刻有"大清乾隆年造"款识。

右旋海螺

年代　清乾隆
收藏单位　故宫博物院

　　海螺原为召集众人时发信号或号令之器具，亦为乐器。佛教以螺声宏大比喻佛说法仪节隆盛；螺声远闻比喻佛说法声能远闻，可被广大众生聆听；螺声勇猛比喻佛法可驱魔、降魔，消除众生内心恐惧，故海螺成为佛教中常用法器，也称为"法螺"。

　　右旋海螺，因其螺纹呈逆时针方向旋转而得名。它除具有普通海螺弘扬佛法、驱逐恶魔之含义外，据说它还是菩萨的化身。渡江海者将其供于船头，可使江海风平浪静。因此，右旋螺又被视为"福吉祥瑞"的定风神物。

　　这件右旋螺是乾隆四十五年（1780）六世班禅为乾隆帝祝寿时所献，盛贮在鞔皮盒内，盒内有白绫签，墨书汉满蒙藏四体文题记。其中，汉文云："乾隆四十五年班禅额尔德尼所进大利益右旋白螺，护佑渡江海平安如愿，诸事顺成，不可思议功德。"

262

红漆描金舍利盒

年代　清乾隆
收藏单位　故宫博物院

　　盒为木胎，外鞔红漆，并绘饰缠枝莲纹。盒内分上下双层，分别盛放乾隆三十八年（1773）和乾隆四十年（1775）八世达赖喇嘛进贡的燃灯佛舍利两颗和迦叶佛舍利两颗。

铜镏金金刚锤

年代　清乾隆
收藏单位　故宫博物院

圆形铁锤头的上方和前方装饰金刚杵头。锤柄为中间粗、两端渐收的八棱形，中部为紫檀木，末端饰金刚杵头。

铜镏金金刚钩

年代　清乾隆
收藏单位　故宫博物院

铁钩原为古代兵器和训御大象用具，后成为藏传佛教法器，有勾召之义。铁钩与两个金刚杵头呈"十"字相接。钩柄为中间粗、两端渐收的八棱形，中部为紫檀木，末端饰金刚杵头。

铜镏金钺刀

年代　清乾隆
收藏单位　故宫博物院

钺刀原是古印度的一种兵器，后为佛教吸收作为法器，象征斩断烦恼的智慧。

钺刀执柄顶端装饰金刚杵头，执柄中部为宝珠形捉手，捉手下装饰的摩羯鱼口吐巨舌，化为利刃，利刃末端带有弯钩。执柄及摩羯鱼镏金，刃部为铁质。

266

铜镏金圆法勺

年代　清乾隆
收藏单位　故宫博物院

　　圆法勺是举行护魔仪式时，用以浇油助燃之器具。

　　护魔又称"户魔"、"呼魔"等，意为焚烧、火祭，原为古印度供养火神阿耆尼时，作为驱魔求福之法，后为藏传佛教沿用。藏传佛教把护魔之火视为如来一切智光之表征。修护魔法有内法和外法之分。在外修护魔法中，修息灾法时，即用圆法勺向炉中焚烧的甘木浇油，以助火势。

267

铜镏金方法勺

年代　清乾隆
收藏单位　故宫博物院

　　三层内凹式方形勺体，内层中心放置十字金刚杵，四周边缘饰法轮、摩尼宝、金刚杵纹，两端外侧饰镂空如意云头纹。细长圆形勺柄与勺体接口处雕摩羯鱼，勺柄末端饰金刚杵头。

　　方法勺是藏传佛教护魔仪式时，用以浇油助燃之器具。在外修护魔法中，修增益法时，即用方法勺向炉中焚烧的果木浇油，以助火势。

268

铁鋄金靶剑

年代　清乾隆
收藏单位　故宫博物院

　　在佛教中，常比喻佛法如利剑，可斩断诸罪恶烦恼。《无量寿经》："吹法螺，执法剑，建法幢。"《般舟赞》中也有"利剑即是弥陀号，一声称念罪皆除"的说法。

　　这件法剑是乾隆四十六年（1781）由三世章嘉进献给乾隆帝的，曾供奉于宫内六品佛楼之无上瑜伽母续部。它与铁鋄金喀章嘎装在同一鞘皮法器箱内。法器箱内盖有白绫签，墨书汉满蒙藏四体文题记。其中，汉文云："乾隆四十六年十一月十五日章嘉胡土克图恭进铁鋄金喀章嘎一件，鞘红皮铁鋄金什件靶剑一把。"

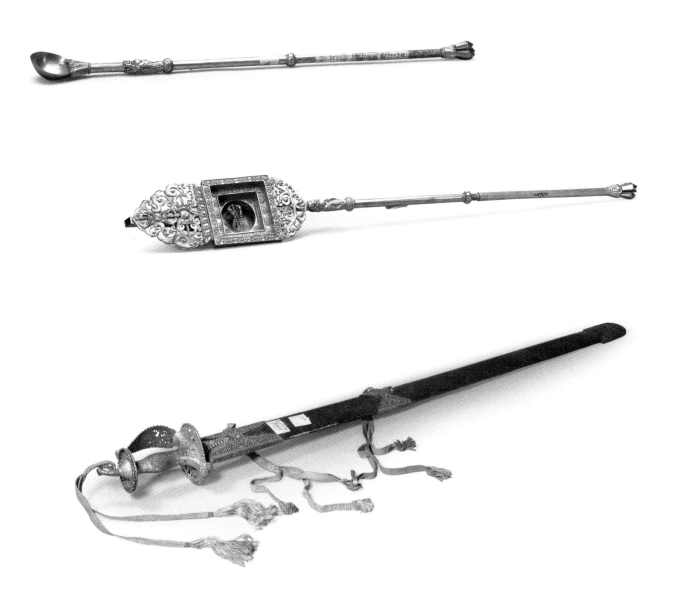

铁鋄金喀章嘎

年代　清乾隆
收藏单位　故宫博物院

　　喀章嘎又称"金刚杖"，为密教法器之一。相传它是从密教法器中的独股杵演变而成，但要比一般独股杵大数倍。在密教中，喀章嘎象征修行佛法犹如金刚杖之坚固，具有不拔之信念，且能驱魔胜邪。

　　喀章嘎顶部竖立有干、萎、湿三颗佛首，代表佛之过去、现在和未来。三佛首下铸饰有十字金刚杵和宝瓶。宝瓶下为六面柱形杖身，上粗卜细，表面錾刻凹纹。

　　这件喀章嘎是乾隆四十六年（1781）三世章嘉进献给乾隆帝的，曾供奉于宫内六品佛楼之无上瑜伽母续部。

掐丝珐琅巴苓供

年代　清乾隆
收藏单位　故宫博物院

　　巴苓供又称"朵玛供"，是藏传佛教供器之一。它原以青稞面、酥油等制作，为长久供奉，遂改用珐琅、铜、瓷等不同质地的材料。

　　主体为三个三角形片，按大小前后排列在铜盘中心。正面装饰有七珍、八宝、缠枝莲等图案。顶部插有一支带伞盖的羽箭，象征穿破一切魔障。

三

道教

271

胤禛道装像

年代　清雍正
收藏单位　故宫博物院

　　就佛学、道学而言，胤禛通过阅读佛道典籍、同僧道人物交流，而对佛学、道学有了一定的认识与信仰。终其一生，尽管他对道教的重视程度逊于佛教，但登极之前相信武夷山道士的算命、之后将江西道士娄近垣收为自己的佛家弟子、把道士贾士芳及张太虚等养于宫苑以修炼丹药等，都反映出胤禛对道教保持着崇敬之情。

　　此幅是《胤禛行乐图》中的一开册页。图中描绘岸边巨石之上雍正帝穿着道装，左手挥舞塵尾，右手合捻，口中念念有词。但见波涛翻滚，一条蛟龙豁然跃出水面，张牙舞爪，煞是壮观。雍正帝命画家将自己绘为道士形象，显示出其与道教丝丝缕缕的关系。

钦安殿

钦安殿位于紫禁城北，御花园内，中轴线上，始建于明代永乐年间。嘉靖十四年（1535），添建墙垣后自成格局。清乾隆年间于前檐接盖抱厦三间。

钦安殿坐落在汉白玉单层须弥座上，殿为黄琉璃瓦重檐盝顶，坐北朝南，面阔五间，进深三间。殿前出月台，月台前出丹陛，东西两侧各出台阶。院内东南设焚帛炉，西南置夹杆石，以北各有香亭一座。殿前院墙正中辟门曰"天一门"。

钦安殿内共有大小神龛11座，居中的三大二小五座龛内，供奉的是同一位道教尊神——玄天上帝（又称"真武大帝"、"玄武大帝"）。

铜鎏金玄天上帝像

年代　明永乐
收藏单位　故宫博物院

玄天上帝在道教中是奉玉皇大帝之命镇守北方的统帅。五行中北方属水，色黑，故曰"玄"；身披铠甲，作武士打扮，故曰"武"。其实玄武信仰源自天体崇拜。我国古代将天上恒星分作二十八群，称"二十八宿"。后来二十八宿又被分为四组，以四灵来命名，即成为东方青龙、西方白虎、南方朱雀、北方玄武（即龟蛇）。再后来，为迎合世俗心理的需要，星宿变成了人格化的神。

宋代天禧二年（1018），宋真宗加封玄武为"镇天真武灵应佑圣真君"，并为了避其始祖赵玄朗之讳，改"玄武"为"真武"。

相传，明代朱棣南下"靖难"时，玄武直接化现天兵助朱棣靖难成功。因此玄天上帝又成为明皇室的保护神，所以终明之世都受到极为崇高的礼遇。

这尊玄天上帝像便是永乐时期所铸，身着玄氅，手持法剑，脚踏龟蛇，端坐于巨型宝座之上，威风八面。此像道气深沉、生动传神。

274

玄穹宝殿

玄穹宝殿又称"天穹宝殿",位于紫禁城东六宫之东,由正殿及东西配殿组成。正殿五间,坐北朝南,黄琉璃瓦歇山顶。殿内供奉三清神牌和昊天上帝(即玉皇上帝)铜像。

道教认为神界以三清为最高神。"三清"即玉清圣境原始天尊、上清真境灵宝天尊、太清仙境道德天尊。三清之下为"四御",即三清的四位辅佐神,一是昊天金阙至尊玉皇上帝,二是中天紫微北极大帝,三是勾陈上宫天皇大帝,四是后土皇地祇。三清四御被认为是宇宙万物的创造者。四御中以玉皇上帝地位最尊。

每逢年节,玄穹宝殿都设道场,做法事。重要的道场有天腊道场(腊月二十五)、天诞道场(正月初九日)、万寿平安道场(皇帝皇太后生日)。清末,同治、光绪帝还亲诣此殿拈香祈雪、祈晴。

275

铜镏金九天应元雷声普化天尊像

年代 清乾隆
收藏单位 故宫博物院

这是一尊道教雷部最高神灵、全称"九天应元雷声普化天尊"的铜像。白面三目,三缕美髯飘于胸前,面相慈善温和。身披铠甲,腰间系兽首形带扣。左手于胸前独竖一指,右手握钢鞭,跣足,端坐于方座之上。普化天尊执掌雷部神霄玉府,管辖其他所有雷神,《历代神仙通鉴》称其具有"主天之灾福,持物之权衡,掌物掌人,司生司杀"的权力。正因为雷神能代天执掌刑罚,明辨善恶是非,击杀大奸大恶之人,是主持正义的神灵,故民间广为供奉,皇宫中也不例外。这尊铜像供奉于玄穹宝殿东配殿主神位上,左右陪侍八位雷神天君。

铜镏金张天君像

年代　清乾隆
收藏单位　故宫博物院

　　九天应元雷声普化天尊的侍从神像之一，供奉于玄穹宝殿东配殿。脸赤如猴，尖形鸟嘴，袒胸腆肚，强壮有力。左手握令牌，背生双翅，双足为鹰爪。底座上刻着这尊神像的名号"雷霆行令使者张天君"。相传此神原名"张节"，后被天帝封为雷神，成为道教雷部正神二十四天君之一，故又称为"张天君"。

铜镏金苟元帅像

年代　清乾隆
收藏单位　故宫博物院

　　九天应元雷声普化天尊的侍从神像之一，供奉于玄穹宝殿东配殿。头戴宝冠，面赤如血，三目怒睁，正气昂然。体形魁梧，身披铠甲，威风凛凛。左手握凿，右手执锤（惜锤已失）。底座上亦刻有这尊神像的名号"上清神烈阳雷苟元帅"。相传此神原名"苟章"，后被天帝封为雷神，成为道教雷部正神二十四天君之一，故又称为"苟元帅"。

玉令牌

年代　清乾隆
收藏单位　故宫博物院

　　令牌整体呈圆圭形，正面和背面均为阴刻填金道教符咒，上、下、左、右四个侧面为星座图，亦阴刻填金。令牌是道教中常用的法器之一，上面的符咒很难辨认，故民间常有"鬼画符"之称。此令牌供奉于钦安殿内。

戏

剧

篇

清代宫廷戏曲空前繁荣，不仅演戏频仍，各朝帝后喜好、精通戏曲，而且首次将演戏正式列入朝廷仪典之中。顺治以降，清宫不惜重金，完善机构，招伶入宫，敕编剧本，营建戏台，制作行头切末，宫中戏曲活动达到高潮。正是在清朝帝后的热衷和倡导下，各路新兴地方戏纷纷入京展演，从而得以交流、融汇、升华，孕育了京剧这一集古典戏曲之大成的全国性剧种。

一、演戏机构和演职人员

入关之初，清廷立足未稳，延续明宫的教坊司旧制，演戏只是偶尔为之。

随着康熙朝先后平定三藩之乱、收复台湾，社会安定，清朝的统治渐趋稳定，经济恢复发展。根据文献记载，至迟在康熙二十五年（1686），南府已经成立，不久景山继而成立，共同管理清宫演戏事宜。南府下设内学、外学、弦索学、中和乐等，管理太监伶人和上三旗旗籍伶人；景山主要管理从江南挑选而来的优秀民间伶人，称为"民籍"。南府、景山的编制和演职人员规模，不同时期略有变动，在乾隆朝达到顶峰。

至道光朝，内忧外患，国力日衰，以节俭务实自诩的道光帝不断裁减演职人员，后径将景山并入南府，遣散江南艺人。至道光七年（1827），将南府改组为升平署。由于艺人减省太多，宫廷大戏已无法上演。

同光时期，慈禧太后嗜戏如命，清宫演戏又渐走向高潮。为欣赏时兴的皮黄戏，慈禧太后在升平署之外又以长春宫的近侍太监为主成立"普天同庆"班，又称"本家班"或"本宫班"。在光绪朝，升平署还挑选京城名角乃至整个戏班入宫演戏，从而形成升平署、本家班和外班三足鼎立的局面。

二、演戏的内容和形式

清初，清宫演戏主要是昆腔和弋阳腔。乾隆年间，昆曲因一味追求典雅华美、日益脱离民间生活而衰落，地方剧种勃然兴起。然而，清廷依然奉昆腔为"雅部"，将新兴的地方戏贬为"花部"、"乱弹"。但紫禁城的高墙终究挡不住乱弹的清新之风，嘉庆、道光两朝已有在宫中演"侉戏"的记载。乱弹戏由微而著，至同光时期逐渐占据清宫戏台的主流，形成了盛极一时的京剧。

清宫演戏可分为仪典戏和观赏戏两大类。仪典戏是指在朝廷典礼中承应的戏曲，其规范是乾隆帝命词臣、乐部大臣张照等创编剧目而制定的。仪典戏分节令戏、万寿戏和喜庆戏三类。节令戏是在元旦、立春、端午等各年节令时上演的应景之戏；万寿戏是在皇太后、皇帝万寿节和皇后千秋节上演的戏出；喜庆戏是在皇帝大婚、皇子"洗三"、册封妃嫔等宫中喜事时上演的戏出。仪典戏通常剧情简单，载歌载舞，歌颂皇恩浩荡、太平盛世，或神仙佛道降瑞下凡祝贺当朝天子。

观赏戏是帝后日常传演的剧目，剧情曲折，或唱腔优美悦耳，或表演诙谐幽默，主要有元明清杂剧传奇名著中的折子戏、玩笑戏和时兴的乱弹戏等，如《西厢记》之《佳期》，《牡丹亭》之《游园惊梦》，皮黄戏《探母》《三岔口》等。另外，还有组织词臣创编的清宫独有的戏出。乾隆朝改编的《升平宝筏》《昭代箫韶》等五部宫廷大戏，每部10本，每本24出，计240出。通常一天演一本，要十天才能演完，又称"连台本戏"。慈禧太后命人将一些宫中的昆弋戏本改编为乱弹本，甚至将《昭代箫韶》也翻成了皮黄戏。

三、无与伦比的戏曲舞美

清宫财力雄厚，集聚了全国的能工巧匠，为演戏提供了无与伦比的舞美物质保障。

清宫戏台形式多样，结构精巧，装饰奢华，设施完备，有建于室内以演宴戏、弋曲为主的小戏台，如倦勤斋戏台；有与寝宫为邻、年节频繁演戏的中型戏台，如漱芳斋戏台；有宫廷独具的三层大戏台，如畅音阁戏台。畅音阁由上而下为福台、禄台、寿台三层，福台顶部安有升降辘轳，寿台台面下有地井，演出《升平宝筏》时，神仙从天而降，精怪自地下冒出，着实惊艳。

清宫行头数量庞大，种类繁多，质地华贵，纹饰精美，极具皇家特色。行头制作通常由如意馆画师呈样，经皇帝钦准，交造办处或发往江南三织造承办。质地上，大量采用缂丝、云锦、漳绒等贵重材料，盔头使用翠羽、米珠等。颜色上丰富多彩，远远突破了民间五正色、五间色的限制，如黄色系即有明黄、金黄、杏黄、米黄、鹅黄、姜黄、土黄、香色等。

清宫切末种类齐全，从质地上可分为刀枪把子和软片两大类。刀枪把子类以武器为大宗，举凡长短兵器一应俱全，制作精良，颇具皇宫气派。软片类从演出形式上可分成三类：一类是演员手持以完成舞蹈动作、表明角色或渲染氛围的，如车旗、帅旗、飞虎旗；一类是置于舞台之上以营造舞台空间和剧情氛围的，如桌围椅帔、门帐、台幕；再一类为台衣，可把畅音阁整个包裹起来，以形成适合皇帝万寿等特定场合、富有整体美的舞台。

清宫演戏机构与演职人员

（一）南府、景山时期

清 北 京 城

乾 隆 十 五 年

（公元 1750 年）

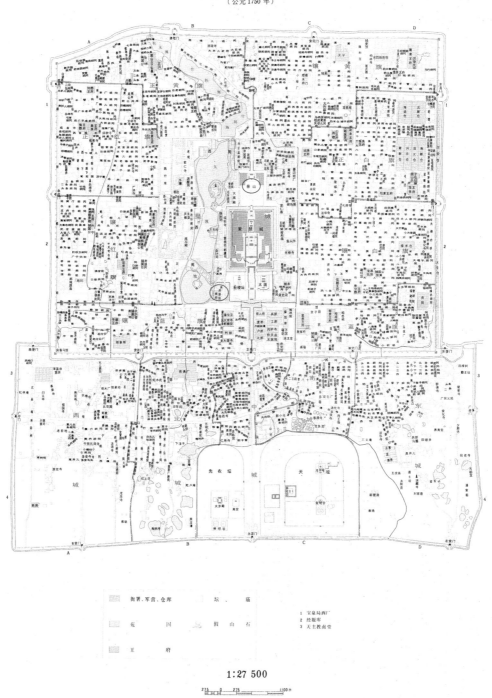

1 宝泉局西厂
2 经版库
3 天主教南堂

1 : 27 500

《清北京城图》中的南府和景山

年代　清乾隆
收藏单位　故宫博物院

依据档案记载，至迟至康熙朝中期，清宫专职演戏机构——南府、景山相继成立。乾隆时期的《清北京城图》，明确标示了南府与景山的具体方位。根据地图所示，南府位于今西华门外南长街南口路西北京长安中学所在地，景山位于今景山公园内西北隅一带。

《国朝宫史》中对南府、景山的记载

年代　清乾隆
收藏单位　故宫博物院

《国朝宫史》是乾隆皇帝下旨编修的专门记载宫廷典制事务的官书，成书于乾隆三十四年（1769）。在该书卷二十一《官制二》中，详细记载了南府、景山的职员、品级、所食钱粮等官制设置情况。成书于嘉庆朝的《国朝宫史续编》，有关南府、景山的记载与之相近。

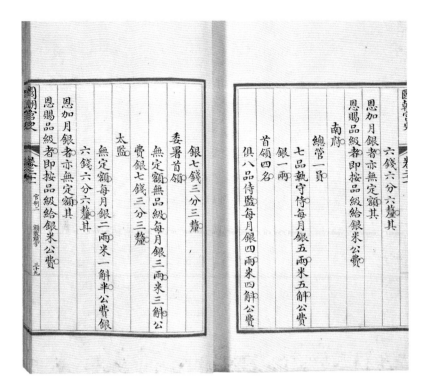

191

281

月白色缎绣山石竹兰菊纹观音帔

年代　清乾隆
收藏单位　故宫博物院

　　为便于区分和管理数量庞大的戏衣，南府、景山的太监发明了在戏衣衬里上钤盖墨印或墨书戏班名称、承应地点等内容的巧妙办法。因之，从这些墨印、墨书中即可得知当时的演戏机构。该件观音帔钤墨印"南府外头学舍淳堂"，表明曾为南府下辖的外头学戏班所专有专用。通身墨绣竹、兰、菊、山石纹样，与月白色缎地和谐统一，契合戏曲演出中观世音菩萨的身份。

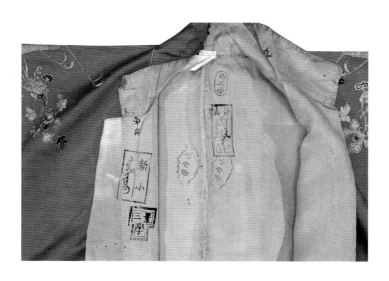

282

红色缎平金绣凤戏牡丹蝶纹女帔衬里墨印

年代　清乾隆
收藏单位　故宫博物院

　　该女帔后领衬里上钤满汉文合璧"新小"、"景山内学记"、"景三学"、"外三学"、"小内学"等墨印，还有墨书"南府"字样。这些复杂多样的图记，表明它曾在景山、南府的不同戏班之间流转使用。女帔立领，对襟，左右开裾，大红色缎平金绣凤戏牡丹蝶纹，为新婚、团聚等喜庆场合穿用。

（二）升平署时期

283

《恩赏日记档》

年代　清道光
收藏单位　中国国家图书馆

　　道光帝继位后倡"实政"、行节俭，大肆缩减演戏规模，陆续裁抑外学人数。至道光七年（1827）二月初六日，将外学全部清退，将南府改组为升平署。该件《恩赏日记档》对之有详明的记载，是一则有关清宫演戏机构变迁的重要史料。

284

木"升平署之图记"印

年代　清晚期
收藏单位　中国第一历史档案馆

　　升平署印是升平署进行管理和对外往来的权力凭证。该印为木质，印文为篆体阳文"升平署之图记"。升平署印记习见于升平署档案文书和清宫戏衣上。

二月初六日包衣昂邦禧恩穆彰阿傳

　　旨南府著改為昇平署不惟有大差處名目昇平

　　著加

　　恩添四兩缺五分

　　原三兩缺六分加添三兩缺四分共十分不得過十分

　　原二兩五錢缺十分加添二兩五錢缺十分共二十分不得過二十分

　　檔案房加添三兩缺一分

　　錢粮處加添三兩缺一分

　　中和樂加添三兩缺一分

賞八品官職之太監無定例欽此

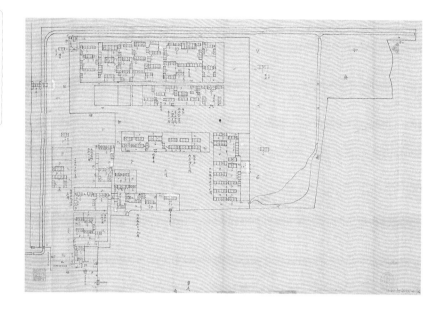

285

升平署地盘全图

年代　清晚期
收藏单位　故宫博物院

　　纸本，墨绘，乃清晚期工部样式房绘制。从中可以看到在南府基础上改建而成的升平署衙署的整体布局，以及升平署的机构设置情况。

286

绮春园内升平署地盘画样图

年代　清晚期
收藏单位　故宫博物院

　　纸本，色墨绘，清晚期工部样式房绘制。为满足帝后随园赏戏的需求，升平署除在皇城内设置本署外，还在帝后驻跸的范围设置分署。绮春园为圆明园三园之一，此地盘图清晰反映了绮春园分署的机构设置和分布情况。

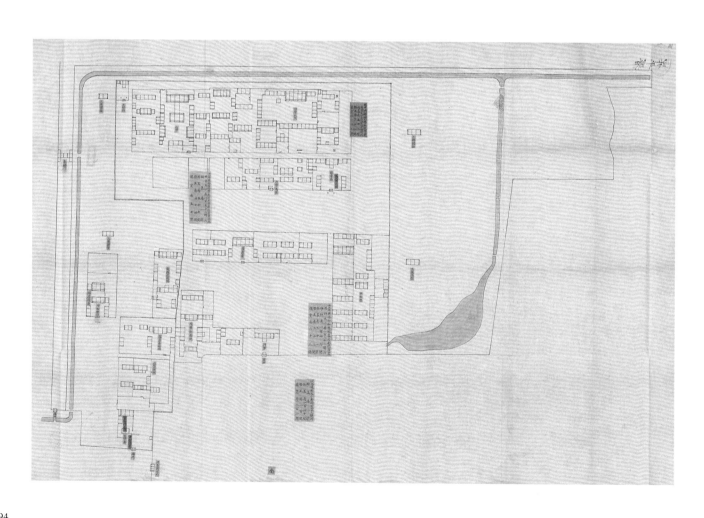

287

木升平署腰牌

年代　清光绪
收藏单位　故宫博物院

　　腰牌是升平署演职人员等各类人等出入宫廷的重要凭证。该腰牌为木质，正面火烫"腰牌"、"内务府颁发"，以及满文印；背面火烫"升平署"、"光绪二十二年制造"，墨书"□写字人文福年三十八岁"、"面黄无须"。腰牌上端中间有穿孔，可系带悬挂腰间以备校验。

288

"普天同庆班"牙笏

年代　清光绪
收藏单位　故宫博物院

　　光绪年间，慈禧太后以其寝宫长春宫的人监为主，组建"普天同庆班"，以排演时兴的皮黄戏。此牙笏即该戏班的牌位，演戏时供奉于后台桌上。

（三）清宫演戏伶人

289

《阳平关》剧照

年代　清末民国
收藏单位　故宫博物院

慈禧太后常令升平署挑选民间名伶入宫演戏和教戏。这张《阳平关》剧照中饰演黄忠、赵云的谭鑫培、杨小楼，皆是当时最负盛名的京剧艺人，经常入宫承应演出。《阳平关》，又名《子龙护忠》，是一出三国戏。戏中，曹操亲统大军前来夺取定军山，黄忠乘夜火烧曹军粮草却为张郃所围，得赵云驰援方得脱险，曹操遂弃阳平关而退。

290

《断桥》剧照

年代　清末民国
收藏单位　故宫博物院

剧照中白蛇由陈德霖饰演，青蛇由余玉琴饰演，均是著名京剧艺人，经常进宫演戏并得慈禧太后欣赏。剧中，白素贞金山战败，逃至断桥；许仙继至，小青恨许仙负心而欲杀之；白素贞百般劝解，许仙赔罪，二人和好如初。

291

升平署太监排戏剧照

年代　清末民国
收藏单位　故宫博物院

从这张《金山寺》剧照中的建筑、山片、桌围看，演出地点应为清宫之内的某处院落；白蛇、青蛇的扮演者又都是尚未成年的孩子，应为升平署学戏太监无疑。《金山寺》又名《水漫》，演白素贞为营救许仙，施法力水漫金山、大战法海的故事。

292

《赏外班角色银两档》

年代　光绪二十二年（1896）
收藏单位　中国第一历史档案馆

为满足自己看戏的需求，慈禧太后令升平署挑选著名的民间戏班整班入宫演戏，民间艺人演戏占据越来越重要的地位。这则档案详细记录了光绪二十二年（1896）入宫演戏的各戏班名称、承差日期、地点，以及赏给各角色、场面人、管箱人等的银两数目。

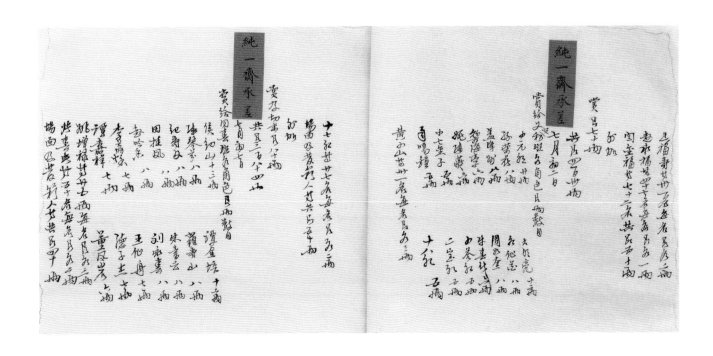

293

谭鑫培《四郎探母》唱片

年代　民国

收藏单位　故宫博物院

　　当年入宫名伶的精彩唱段，由巴黎百代驻北京、上海公司灌制成唱片。《四郎探母》是谭鑫培最擅长的代表性剧目之一。谭鑫培，工文武老生，同光年间多次入内廷演戏，颇得慈禧太后赏识，被赐名"小叫天"。

294

王凤卿《鱼肠剑》唱片

年代　民国

收藏单位　故宫博物院

　　民国初年百代公司灌制。王凤卿，又名祥臻，江苏淮阴人。著名老生。晚清曾被召入内廷演戏，长期与梅兰芳合作。《鱼肠剑》是其代表剧目之一。

清宫演出戏目与戏本

（一）昆曲、弋阳戏

295

《穿戴题纲》

年代 清嘉庆
收藏单位 故宫博物院

《穿戴题纲》为嘉庆年间南府抄本，分上下两册：上册是节令戏、开场戏、弋阳腔、目连、大戏，下册是昆腔杂戏。此书共登录了清宫经常演出的各种戏目484出，并详细记载这些戏目中角色的穿戴、道具等，是研究清宫戏曲，尤其是舞台美术不可或缺的第一手材料。

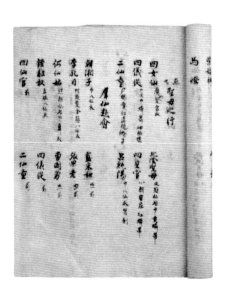

296

《昆腔弋阳杂戏题纲》

年代 清光绪

收藏单位 故宫博物院

升平署抄本，分为两册：一册封面题"外派昆腔题纲"，列举了《游园惊梦》等48出的角色及扮演者姓名；一册封面题"外派弋腔题纲"，列举了《尼姑思凡》等30出的角色及扮演者姓名。这两册右上角均注"光绪十年九月归准"，反映了直至光绪十年（1884）宫中昆腔和弋阳腔的演出情况。

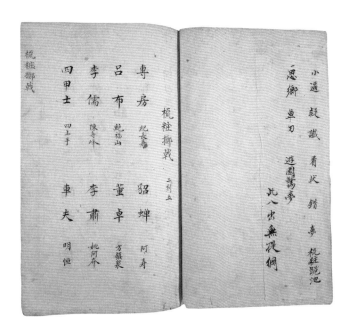

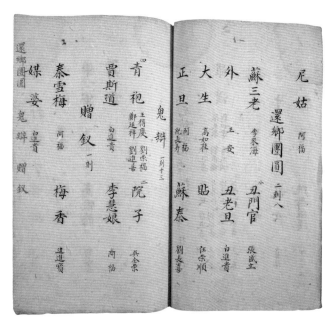

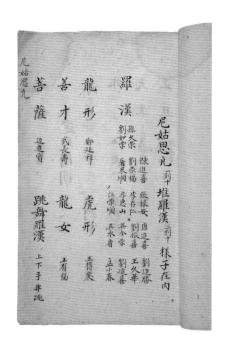

张照像

张照（1691—1745），字得天，江苏娄县（今上海松江）人。康熙朝进士。工书法、绘画，尤其精通音律，名噪一时。他被乾隆帝任为首任乐部总管大臣，统领清朝国家典制、音乐的整顿，主持编写了《升平宝筏》等多部历史连台本戏。

《鼎峙春秋》

年代　清乾隆
收藏单位　故宫博物院

内府抄本，昆腔，共28本，是乾隆帝诏令周祥钰等编撰的240出连台大戏。依《三国志》演魏、蜀、吴三国争雄鼎峙的历史故事，剧末三分归一统，昭示天下分久必合，隐喻当时清朝统治中国实为"天命"之意。

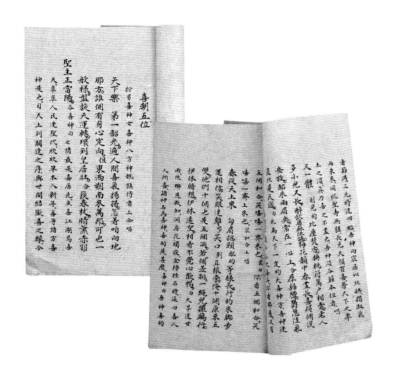

299

《喜朝五位》与《岁发四时》

年代　清乾隆

收藏单位　故宫博物院

南府抄本，昆腔，一本两出。清宫每逢年节时令都要承应相关主题内容的戏出。元旦为一岁之始，是清宫三大节之一，更要大肆庆贺和演戏。《喜朝五位》与《岁发四时》便是元旦承应的两出戏，剧情十分简单，大略为新年朝贺的吉祥颂语。

300

《八仙庆寿题纲》

年代　清晚期

收藏单位　故宫博物院

升平署抄本，昆腔，题纲本。帝后寿诞、皇太后上徽号之日所演剧目，题纲本。是日，八仙及福星、寿星、鹤童等齐来恭祝，龙王率水卒将"万寿无疆"四字呈现云端。在众神"唯愿取海屋添筹万万年"的咏唱声中，全剧结束。

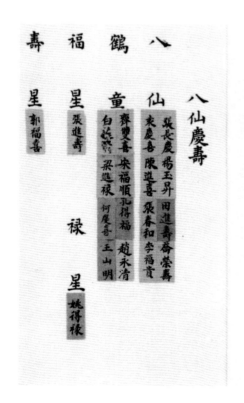

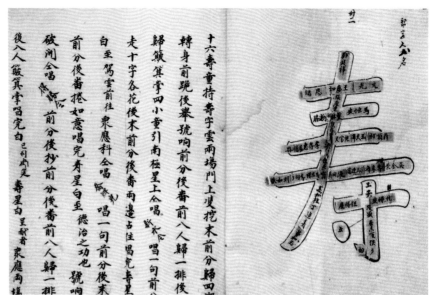

301

《芝眉介寿》

年代 清晚期
收藏单位 故宫博物院

升平署抄本，弋腔戏，排场本。本剧是皇太后寿诞之日清宫必演的一出剧目，演是日南极仙翁率众神前来献瑞称颂，一派太平祥和的景象。剧本为排场本，剧中演员在戏台上站列成福、禄、寿字样，场面甚为壮观。

302

《螽斯衍庆》

年代 清乾隆
收藏单位 故宫博物院

南府抄本，昆腔。清代皇帝万寿、皇后千秋及皇帝大婚等喜庆日子，清宫必演的剧目之一。螽斯，俗称"蚂蚱"，产卵极多。《诗经·周南·螽斯》曰："螽斯羽诜诜兮。"以此为剧名，表达了清廷希冀多子多福、帝祚永续的美好凤愿。

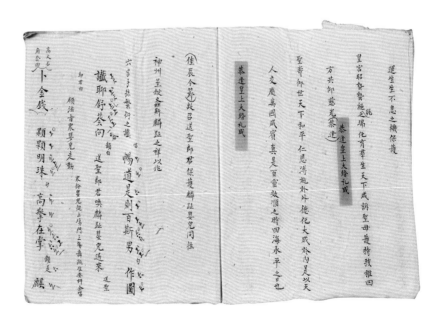

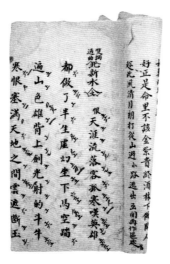

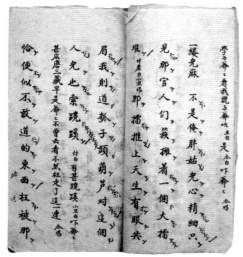

303

《游园惊梦》

年代　清乾隆
收藏单位　故宫博物院

升平署抄本，昆腔。此剧取材于明代传奇剧本《牡丹亭》。少女杜丽娘游园遣闷，梦中与书生柳梦梅相爱。光绪三十四年（1908）庆贺慈禧太后万寿，十月十三日在颐乐殿承应此剧。

304

《追信》

年代　清晚期
收藏单位　故宫博物院

升平署抄本，昆腔，曲谱本。改编自明沈采《千金记》中《北追》一折，讲述楚汉相争，萧何连夜追赶愤而出走的韩信并劝服韩信返回，韩信登坛拜将、大败楚军取得汉家天下的故事。

305

《胖姑》

年代　清晚期
收藏单位　故宫博物院

升平署抄本，昆曲折子戏。又名"胖姑学舌"，为元人杨讷杂剧《西游记》之一出。演唐三藏去西天取经，众官员于长安城外十里长亭饯行，胖姑前往看热闹，回来向爷爷张老汉讲述所见盛况。该剧以歌舞身段为主。

（二）皮黄戏

306

《群英会》

年代　清晚期
收藏单位　故宫博物院

　　升平署抄本，乱弹戏，安殿本。所谓安殿本，
是黄纸书衣，恭楷精写，朱色句读，专呈皇帝御
批和帝后看戏时阅览以便了解剧情的本子。《群英
会》取材于《三国演义》，表现诸葛亮出使东吴会
周瑜，促成孙刘联合，完计破曹，立军令状草船
借箭的故事。

307

《金山寺》

年代　清乾隆
收藏单位　故宫博物院

　　升平署抄本，乱弹戏，串头本。封面右上角
注"光绪廿八年三月准"。《金山寺》，又名"水漫
金山"，取材于白蛇的民间故事，写书生许仙受金
山寺禅师法海哄骗，往寺中听法，被软禁。白娘
子前来寻夫受阻，因而与法海大战，水漫金山寺。

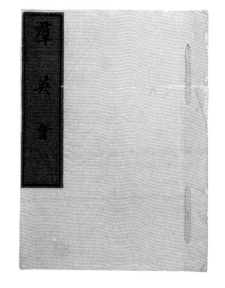

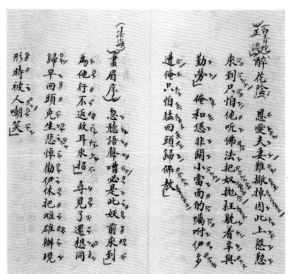

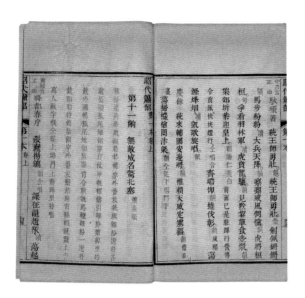

《昭代箫韶》

年代 清光绪
收藏单位 故宫博物院

　　《昭代箫韶》原为乾隆帝命张照等人编撰的昆弋腔连台大戏。慈禧太后嗜好皮黄戏，于光绪二十四年（1898）下懿旨令升平署翻成皮黄腔，并亲自编撰部分唱词。陈德霖主持全局，编排词句、唱腔、场面等，制作戏台所用的切末布景。至二十六年（1900）八国联军攻入北京前，共计完成105出。

309

《乱弹题纲》

年代　清晚期
收藏单位　故宫博物院

　　升平署抄本。墨笔楷书，半页五行，每行大字记剧中角色，其后小字记扮演者姓名。这份《题纲》共列举了《斩子》、《连环套》等三十余出乱弹戏及其角色，是研究清宫戏曲演出的一份重要档案资料。

310

"普天同庆班"戏目折

年代　清乾隆
收藏单位　中国第一历史档案馆

　　这件戏目折记录了慈禧太后的本家班"普天同庆"科班所经常排演的戏出。统计表明，在这份戏目单中，皮黄腔乱弹戏（即京剧）已占主体地位，但也有少量昆腔戏。

三

清宫戏曲行头、道具与伴奏乐器

（一）戏衣

311

明黄色十二团彩云金龙纹妆花缎
男蟒

年代　清康熙
收藏单位　故宫博物院

　　圆领，大襟右衽，阔袖，衣长及足。缎地上
以妆花手法织出十二团彩云金龙纹，下摆处织五
彩蟒水。蟒是剧中帝王将相等有权势者在上朝等
正式场合穿用的礼服，明黄色蟒则是帝王专用。
蟒之龙纹分团龙、行龙、大龙三种，团龙为性格
文静、以唱为主的角色穿用。

312

白色缎绣彩云鹤石榴金十团龙纹男蟒

年代　清光绪
收藏单位　故宫博物院

　　圆领，大襟，右衽，阔袖，衣长及足，衣上绣十团金龙。戏剧中的年青武将或风度儒雅的大都督、元帅等多穿白蟒。如京剧《黄鹤楼》中的周瑜、《斩子》中的杨延昭等。

313

香色缎绣彩云蝠八宝金十团龙纹女蟒

年代　清光绪
收藏单位　故宫博物院

　　圆领，大襟，右衽，衣长过膝，通身平金绣十团龙、彩云蝠八宝纹。女蟒与男蟒的区别在于身后无硬摆、身长较短，穿时须配下裙。香色女蟒多为位高身尊的老年妇女所用，如《太君辞朝》中的佘太君、《大登殿》中的王夫人，故又称"老旦蟒"。

314

红色缎绣彩云暗八仙金龙纹加官蟒

年代 清乾隆
收藏单位 故宫博物院

圆领，大襟，右衽，大袖，身长及足，前腰正中下垂神仙的标志——如意形飘带。加官蟒为清宫演戏之开场戏《跳加官》及《天官赐福》中天官之专用服饰。扮天官者穿红袍，口衔面具，作醉步状，手举"天官赐福"、"加官进禄"等条幅，以示庆贺。

315

杏黄色缎绣彩云蝠暗八仙金龙纹太监蟒

年代 清光绪
收藏单位 故宫博物院

圆领，大襟，右衽，大袖，身长及足，形制与蟒相近，不同之处在于腰部缀腰梁、打褶，周身镶宽边。太监蟒为剧中帝王随驾大太监所服用，颜色多为明黄色或杏黄色，以与帝王的服饰取得整体的和谐。

316

雪青色彩云金龙纹妆花缎男帔

年代 清雍正
收藏单位 故宫博物院

直领，对襟，大袖，裾左右开，衣长过膝。雪青色妆花缎地上钉缀素白色绫衣领和系带两条。帔是帝王将相、官宦乡绅及其家眷等燕居时穿用的较为闲适的礼服。帔是在明代褙子基础上演化而来的，其对襟、左右开裾的开放式形制，赋予角色儒雅潇洒的美感。

317

藕荷色缎绣十团鹤纹女帔

年代　清光绪
收藏单位　故宫博物院

　　直领，对襟，大袖，裾左右开，衣长过膝。主体纹样为十团仙鹤纹，其间穿插姿态各异的四季花卉、仙鹤，琳琅满目，极为精美。帔分男、女，女帔略短，穿时配马面裙。

318

果绿色绸彩绣折枝花蝶纹闺门帔

年代　清乾隆
收藏单位　故宫博物院

　　立领，对襟，阔袖，裾左右开。靓丽的果绿色绸地上通身彩绣四季花卉、彩蝶飞舞，而且采取少见的非对称式布局，凸显出角色的年轻烂漫，契合独处深闺、尚未出阁的大家闺秀的身份。昆曲《游园惊梦》中的杜丽娘即穿此帔。

319

湖绿色缎绣折枝菊纹宫衣

年代　清乾隆
收藏单位　故宫博物院

　　长方领口，对襟，上衣下裳相连，附披肩，腰间垂各色飘带多条，衣上绣缠枝菊花、蝴蝶纹样。宫衣雍容华丽，为皇妃、公主等角色的常礼服，也为仙界女性所用，如《贵妃醉酒》之杨贵妃、《打金枝》之升平公主等。

320

绿色素缎缀平金绣孔雀纹方补男官衣

年代 清光绪

收藏单位 故宫博物院

圆领，大襟，右衽，宽身，阔袖，两侧开裾，衣长及足。前后胸缀平金绣方补，孔雀展翅欲飞，作望日状，四周满饰流云、暗八仙及八宝纹。官衣为戏中文职官员穿的礼服，穿时腰际围玉带。按清代官服定制，孔雀纹方补代表文三品官职。

321

粉色绫画花篮折枝花果纹男褶子

年代 清乾隆

收藏单位 故宫博物院

斜领，大襟，右衽，衣长及足，左右开裾至腋下，衣上绘花篮、四季花卉、果实等纹饰。褶子，自明代道袍演变而来，不论男女、老幼、文武、贵贱、贫富均可服用，是戏曲中通用性最强的便服。《法门寺》中的傅朋即穿粉色花褶子。

322

红色纱绣百蝶纹旗衣

年代 清光绪

收藏单位 故宫博物院

圆领，大襟，右衽，短袖，左右开裾，衣长及足。周身镶四道缘饰，衣上散布飞舞百蝶，双翅甚至显出翅粉的质感，生动传神。旗衣原为满族妇女的日常装束，演变成戏装后，成为边疆民族贵妇的专用服饰。京剧《四郎探母》中的铁镜公主即穿旗衣。

323

杏黄色江绸绣墩兰蝶纹琵琶襟坎肩

年代 清光绪

收藏单位 故宫博物院

　　圆领，琵琶襟，衣长及腰，两侧及后开裾。通身彩绣百蝶、墩兰纹，平金团寿字点缀其间。琵琶襟坎肩是少有的进入戏曲舞台的满族常服，北方少数民族女子多服用之。

324

黄色缎绣彩云蝙鹤日月纹法衣

年代 清乾隆

收藏单位 故宫博物院

　　直领，对襟，阔袖，衣长及足。衣体极为宽大，分前后两片，上连下断。法衣为戏中深通道术、上知天文、下知地理的角色所穿，如《借东风》中的孔明、《五花洞》中的张天师、《安天会》中的太上老君等。

325

拼各色缎绣折枝花蝶金双喜字纹八仙衣

年代　清晚期
收藏单位　故宫博物院

　　斜领，大襟，右衽，阔袖并缀湖色绸水袖，裾左右开，衣长及足。背部绣吕洞宾头戴纯阳巾、身穿道袍的肖像，背悬剑，持拂尘，一派仙风道骨。此为吕洞宾的专用戏衣。八仙戏为人们所喜闻乐见，如《八仙过海》、《八仙庆寿》等。

326

红色暗花绸绣勾莲金风火轮纹哪吒衣

年代　清光绪
收藏单位　故宫博物院

　　倒琵琶领，对襟，窄袖，裾左右开，衣长及胯。周身镶蓝缎如意云头形边，领缘缀两层缎绣莲花纹莲瓣。通身饰以哪吒的象征纹样——平金风火轮及彩绣折枝莲纹。清宫神话戏《鲤鱼仙子》中，哪吒即穿此衣。

327

拼各色缎菱形格纹道姑帔

年代　清嘉庆
收藏单位　故宫博物院

　　直领，对襟，左右开裾，身长过膝。道姑帔，亦称"水田衣"，是戏剧中尼姑的专属戏衣。《秋江》中的陈妙常即穿道姑帔。

328

红色缎锁金线软靠

年代　清乾隆
收藏单位　故宫博物院

　　圆领，紧袖，身分前后两片，上衣下裳相连，带护肩、护腋、下甲，靠肚上绣兽面纹。通身以锁金线手法模仿实战铠甲的金属质感，类似锁子甲，极为厚重，写实性强，是清宫戏衣靠的早期形制。

329

白色缎平金绣双龙戏珠网纹男靠

年代　清光绪
收藏单位　故宫博物院

　　圆领，窄袖，分前后两片，仅肩部相连，小袖处缝合。主体纹饰平金网纹以模拟铠甲的金属质感，靠肚饰双龙戏珠纹。穿时颈围三尖领、背插靠旗、下束靠腿，称为"硬靠"，表示处于交战状态。《长坂坡》中赵云即扎白靠。

330

玫瑰紫色缎平金绣凤戏牡丹方棋朵花万字纹靠

年代　清光绪
收藏单位　故宫博物院

　　形制大体与男靠同，而装饰性更强，配多层如意云纹云肩，下身缀双层多条飘带，下甲尾端缀五彩网穗等，靠肚平金绣凤戏牡丹纹。女靠是戏曲舞台上形制最复杂、最富有装饰性、最具美感的戏衣，尤能衬托出女将的英姿飒爽。

青色缎平金绣双狮戏球纹开氅

年代　清光绪
收藏单位　故宫博物院

　　交领，大襟，右衽，大袖缀水袖，身后有硬摆，衣长及足。开氅形制，宽身阔袖，带硬摆，附以大面积平金双狮戏球的纹饰，颇能衬托武将的雄伟气魄。开氅多为地位较高的武将闲居时穿用，也为山寨寨主等草莽英雄穿用。

332

白色妆花缎彩云金龙纹箭衣

年代　清乾隆
收藏单位　故宫博物院

　　圆领，大襟，右衽，窄袖，马蹄形袖口，四开裾，衣长及足。箭衣本是满族便于骑射的服装，清代中叶逐渐用于戏曲舞台，分为龙箭衣、花箭衣、素箭衣等。清宫昆腔杂戏《三气》中，周瑜身穿白龙箭衣。

333

月白色缎平金绣花果蝶纹钉广片英雄衣

年代　清光绪
收藏单位　故宫博物院

　　交领，大襟，右衽，窄袖，紧身，衣长过腰。下摆缀双层软绸质走水，可随演员动作而飘舞。穿时腰系鸾带，身扎袢胸，颇能彰显英雄的力道十足、身手敏捷。英雄衣多为绿林英雄、侠客义士所穿用，如《打墩》中的黄三泰、窦尔墩。

（二）盔靴

334
绿色缎串玻璃珠龙蝶花纹带杏红绒球夫子盔

年代　清光绪
收藏单位　故宫博物院

　　硬纸壳胎，裹以绿色缎，缀连各式玻璃珠成花朵、蝴蝶、双龙戏珠等纹样，间饰以点翠，缀杏黄色绒球，做工考究，流光溢彩。绿色夫子盔为《三国》戏中关羽所专用。乾隆朝张照奉旨编撰的连台本戏《鼎峙春秋》中，关羽的戏占了很大比例。

335
串玻璃珠花蝶纹带粉红绿绒球狮子盔

年代　清
收藏单位　故宫博物院

　　前后两扇合成，前低后高，后扇高突一狮子形，狮身涂金漆，各式玻璃珠缀连成花朵、蝴蝶、双龙戏珠等纹样，间饰点翠、带绒球，左右下垂龙形串珠挂耳。狮子盔为武将盔头之一，《西厢记》中叛将孙飞虎即戴狮子盔。

336

串玻璃珠龙花纹带穗凤冠

年代 清

收藏单位 故宫博物院

　　硬纸胎，髹金漆，表面满串玻璃珠、广片和点翠技法的纹饰，流光溢彩，富丽堂皇。冠口为五只立凤衔串珠，冠顶为花蝶纹。左右两侧凤形挂耳，下垂三层、三色串珠丝绦排穗。凤冠为戏中后妃、公主等角色所用。

337

串玻璃珠龙花纹带杏红绒球王帽

年代 清

收藏单位 故宫博物院

　　前低后高，顶端中为杏黄色大绒球面牌一，串玻璃珠呈朵花、双龙戏珠之态，杏黄色绒球。两侧串玻璃珠挂耳，下垂杏黄色丝穗。王帽为戏剧中帝王扮相专用之冠服，戴王帽、穿黄蟒方为正统的天子之服。

玫瑰紫色缎盘金绣五蝠捧寿串玻璃
珠蝶纹带白绒球罗帽

年代　清
收藏单位　故宫博物院

　　硬纸胎，外蒙玫瑰紫色缎，帽顶呈六瓣形，每瓣圈金绒绣五蝠捧寿纹，帽箍上则绣八宝纹，帽身串光珠、缀广片和白绒球。罗帽有软胎、硬胎两种，又有花、素之分。硬胎花罗帽为戏中江湖侠客、寨主所戴，如《连环套》中黄天霸。

白色素罗带红缨凉帽

年代　清
收藏单位　故宫博物院

　　硬纸胎，外蒙白罗面，垂红缨络数十根，前后各嵌珍珠一颗，顶镶铜镏金扁圆帽托，上承大颗水晶珠，后接翠管以备插花翎。该凉帽形制和清代官员凉帽一般无二，清初诸帝曾严禁戏台上用清制官服。凉帽用于戏中边疆民族的人物，如《四郎探母》中的国舅等。

340

红色缎串玻璃珠花蝶纹毗卢帽

年代　清

收藏单位　故宫博物院

　　硬纸胎，外蒙红色缎。圆形，帽呈莲花瓣状，每片莲瓣的正面有一佛龛状造型，帽顶为棒槌状。毗卢帽亦称"五佛冠"、"地藏帽"，为修为精深的高僧所戴，如《金山寺》中之法海，《沙桥饯加》中之唐僧。

341

蓝色缎串玻璃球龙花蝶纹带白粉红绒球鸭尾巾

年代　清

收藏单位　故宫博物院

　　硬纸胎，外蒙蓝缎面。因顶部缀绒毛、形似鸭尾而名"鸭尾巾"。这件鸭尾巾连缀玻璃珠呈双龙戏珠、花蝶纹样，带缀白、粉相间绒球多个，装饰华丽，为戏中绿林豪杰、草莽英雄所用，如《恶虎村》中的李昆等。

342

白色缎串玻璃珠朵花纹武生巾

年代　清

收藏单位　故宫博物院

　　软胎巾，白缎面，正面缀玉片和红绸制蝶形火焰，面饰串玻璃珠牡丹纹，左右侧为如意形两耳，下垂粉色丝穗。小生巾分文生巾、武生巾，样式基本相同，区别在于武生巾前额有火焰，文生巾则没有；文生巾背后有飘带，武生巾则没有。

黄色缎平金绣云龙纹高底靴

年代　清光绪
收藏单位　故宫博物院

　　高筒，厚底，筒口前高后低，明黄色缎平金绣龙纹，靴前脸覆平金兽头。靴底是用高丽纸多层叠纳、侧面包以白布并纳线数匝而成，着地处覆本色牛皮。厚底靴又称"高方靴"，凡扮演帝王、朝官、军中将帅者皆例穿用，以示庄重威严。

湖绿色缎绣五蝠捧寿纹高底虎头靴

年代　清光绪
收藏单位　故宫博物院

　　湖绿色缎面，厚底，白色牛皮。靴面绣虎头及五蝠捧寿纹样，靴前脸缀黄缎虎头。此绿缎面厚底靴与绿蟒、绿缎夫子盔配套，为剧中关羽所专用。

（三）道具

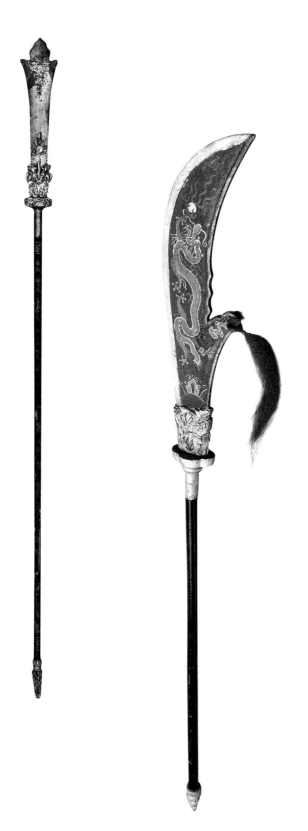

345

木黑漆彩画云蝠纹杆三尖两刃刀

年代　清
收藏单位　故宫博物院

　　木质。顶端为三尖，两侧双刃，刀身双面嵌凸起龙戏火珠及云纹。杆糅黑漆，彩绘云蝠纹，刀攥沥粉贴金云纹。三尖两刃刀为神话剧中二郎神杨戬专用。

346

木黑漆杆云龙刀

年代　清
收藏单位　故宫博物院

　　木质。刀身阔大，长于一般刀，黑漆地上彩绘云龙海水江崖纹，刃部涂银粉以模拟金属的质感和刀的锋利。刀身插于浮雕龙吞口之中，下承刀托，与杆相连，杆尾雕刀攥。云龙刀为剧中关公专用。按戏班传统规矩，把子箱中神佛及重要人物所用兵器、物件严禁随意乱动，云龙刀也在其中。

347

木红漆彩画云蝠纹杆红缨荷包枪

年代　清
收藏单位　故宫博物院

　　木质。枪杆细长，红漆地上彩绘云蝠纹。枪头涂银粉，下束红缨，攥尖髹金漆。荷包枪是御林军出场时所持仪仗兵器。

348

木黑漆柄金漆嵌料珠瓜形锤

年代　清
收藏单位　故宫博物院

　　硬纸胎，外髹金漆，六瓣圆顶形。表面沥粉勾勒勾莲纹，嵌翠绿玻璃珠，顶镶嵌圆玻璃镜一。瓜与柄相接处为连云纹。瓜形锤成对使用，清宫本乱弹单出戏《八大锤》中岳云即使用瓜形锤。

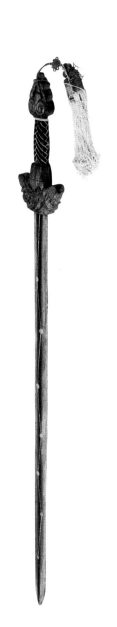

349

木黑漆彩画云蝠纹柄涂金粉锏

年代　清

收藏单位　故宫博物院

锏身扁长柱形，两侧棱角为刃，面中间内凹涂金粉，柄髹黑漆绘云蝠纹。锏可单用，亦可双用。清宫乱弹单本戏《千秋岭》中，秦琼出场即持双锏。

350

木七星宝剑

年代　清

收藏单位　故宫博物院

木质。剑身涂银粉，两侧绘北斗七星，剑中深蓝色，刃浅黄色。护手刻兽头纹，柄端镂空如意形，皆髹金漆。柄上彩绘人字形纹，乍看以为是缠彩带，极为精巧。七星剑为清宫乱弹单本戏《借东风》中诸葛亮登坛做法时使用。

木彩画虎头纹枷

年代 清
收藏单位 故宫博物院

　　木质。上阔下窄，左右两扇相合为一，中空，以扣合于犯人之颈部。通体朱漆，上端前后彩绘虎头纹样，用以显示律法之威严。刑链白铜质，以椭圆状小铜环首尾相扣连接而成，链之两端为片状叶形阴刻"秋"字纹锭。枷属于戏台上的刑具，用时一般与手铐、刑链成套使用，用以束缚犯人的双手和头。

352

木缠布带柄刑响板

年代 清
收藏单位 故宫博物院

　　木质。通体用三条硬木板组成，柄部木板间加衬木条并用白色粗棉布紧紧缠绕，木板便被间隔开来。拷打犯人时，三条木板受力颤动而相互撞击，发出声响，可以加重犯人的痛楚，故得"响板"之名。

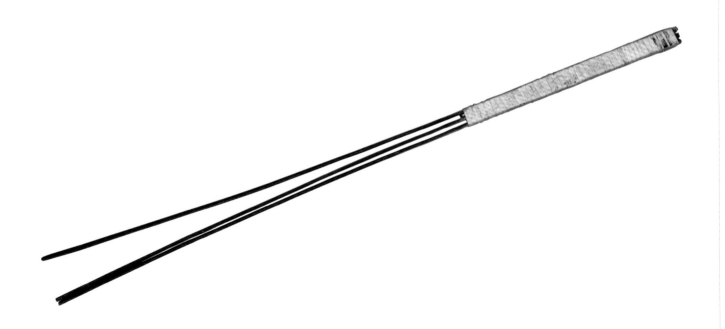

353

木黑漆描金芦雁纹笔筒

年代　清

收藏单位　故宫博物院

　　木板黏合而成，外表髹黑漆，四面开光内金漆描绘芦苇大雁、山水茅屋等图景，富有自然野趣。笔筒为存放文房四宝之一——笔的道具。笔倒置笔筒中，置于书桌或公案上，戏曲演出中应用广泛。

354

木绿漆彩画龙戏珠纹令箭

年代　清

收藏单位　故宫博物院

　　木质，前丰后敛，外髹绿漆，彩绘云龙海水江崖纹。附竹筒剖而成的盒。令箭是古代战争中调动部队、出入营门和关隘的信物。戏曲舞台上加以沿用，也用于文员升堂审案和将帅升堂点兵。清宫乱弹戏《四郎探母》中，铁镜公主巧盗令箭、助夫君杨四郎至宋营探母的剧情广为人知。

355

木缠彩带柄马鞭

年代　清光绪

收藏单位　故宫博物院

　　木柄，藤杆，外缠多种颜色彩丝带，上系红、紫、黄、绿、蓝色丝线穗。马鞭颜色有红、黄、白、黑等，通常要与所穿服色一致。马鞭上系同色五绺丝穗，为武将所用。戏剧中人物手持马鞭而舞，虚拟骑马奔驰；持鞭不舞，表示牵马而行。

356

白色缎盘金墨绣八宝纹 "长胜将军赵" 字旗

年代　清光绪
收藏单位　故宫博物院

白缎地，长方形，周边镶青缎圈金白丝线绣团寿字及折枝牡丹纹饰边，正中墨绣 "长胜将军赵" 五个黑色楷体大字，周围散布云蝠、八宝纹，并缀玻璃镜、广片。黑白成趣，装饰奢华，颇有气势。此旗为三国戏中赵云所用。

357

红色缎绣海水江崖纹缀黑绒"三军司命"字旗

年代　清光绪
收藏单位　故宫博物院

红色缎面，缀黑绒"三军司命"四个大字，三面镶绿缎火焰边，内绣火焰、海水江崖纹，衬里钉布袢一道以固定旗杆。三军司命旗为戏中统帅三军的主帅登场时使用，如《鼎峙春秋》中的周瑜等。

358

红色纱平金绣车轮旗

年代　清乾隆
收藏单位　故宫博物院

红色实地纱地，以五彩丝线绣出轮骨，以圆金线绣轮外缘，间饰朵花，色彩艳丽雅致，构图逼真。车轮旗在戏中用以象征车，除诸葛亮、姜子牙使用外，大多数为女性所用。《打龙袍》中李后乘凤辇，即用车轮旗表示。

359

拼各色纱月华旗

年代　清乾隆

收藏单位　故宫博物院

　　中心为平金银太极图，周围拼各色纱成同心圆形，组成颜色渐变的"月华光晕"。四角接明黄色纱，上缀果绿绸如意云头纹，外围镶红纱曲齿边，上端接粉缎旗腰，用以插旗杆。据《穿戴题纲》记载，戏中关羽、霸王、钟馗等重要人物出场前，以四位兵卒手持月华旗为先导，以烘托舞台气氛。

360

白色江绸绣云纹飞虎旗

年代　清乾隆

收藏单位　故宫博物院

　　白色江绸地，双面绣展翅飞虎与云纹，镶红江绸平金绣火焰纹曲齿边，上端接粉红缎旗腰以插旗杆。飞虎旗也是四面为一堂，兵卒使用，以显示主将之威。《芦花荡》中张飞出场时，即用四面飞虎旗。

(361)

黄色暗花绸绣博古纹门帐

年代　清光绪
收藏单位　故宫博物院

　　双帘并垂式，顶端镶粉布帐库以穿横
杆悬挂，红暗花绸横沿，下缀五彩丝网穗。
帐帘绣博古图、牡丹、彩蝶，古色古香，
寓平安富贵之意。门帐有红、黄、绿、粉、
天蓝等颜色，在不同剧情中象征不同的建
筑和场所。

（四）伴奏乐器

362

竹笛

年代　清

收藏单位　故宫博物院

　　此笛用 13 根竹条拼成圆筒，两头镶牛骨，牛角箍缠绕。相传，笛子是在汉武帝时张骞出使西域以后输入长安。宋朝以后，成为戏曲伴奏的重要乐器。

363

月琴

年代　清

收藏单位　故宫博物院

　　音箱呈满月形，琴颈短小。音箱面板、背板桐木质，边框和琴颈紫檀木质。四轴，四弦，每两弦同音，五度定弦，设九个品位。月琴是京剧乐队中主要伴奏乐器之一，与京胡、京二胡并称为"三大件"。

364

黑漆斗笙

年代 清

收藏单位 故宫博物院

竹质管，每根竹管下端嵌紫檀木笙脚，笙脚上又套装簧片，列置于木质笙斗中，镶牛骨。笙属于簧片乐器族吹孔簧鸣乐器类，是世界上现存簧片乐器的鼻祖。

365

紫檀木小拍板

年代 清

收藏单位 故宫博物院

三块紫檀木板组成。因拍板通常用檀木制作，又称"檀板"。拍板为点拍之用，由于演戏伴奏音乐声音日高，引入单皮鼓。掌乐者一手打鼓、一手执板，板尺寸缩小且变成三片，声音高出许多，也改变了双手分执相互撞击发声的做法。

366

单皮鼓

年代 清

收藏单位 故宫博物院

单皮鼓简称"单皮"，硬木框，鞔以猪皮，以三排铁钉加固。内中心径有二寸。鼓面有墨印一枚、戏人两人，鼓内有戏人一个。光绪初年之前，其内中心径约有三寸，声音较低，后因演唱者调门日高而内心愈小，约为一寸。戏曲演唱的尺度以用板点拍为主，但因有时拍相去太远，仅点拍不易有准，故于拍中间用单皮鼓点上几下，名曰"眼"，称为"有板有眼"。

大铜锣

年代　清

收藏单位　故宫博物院

　　铜铸，边际系一绳，提手为竹质，以槌击之。锣内墨书"姑苏祁尔昌造"。锣即古之钲，用作行军节止步伐，在戏曲中也为节舞之用。武戏用锣尤多，各角色上场下场或作身段时皆用之，或于音乐中间偶加一两声以助精神。

小铜钖锣

年代 清
收藏单位 故宫博物院

　　铜铸，盘形，中间凸起，径约七寸有余，以
手持边，用一薄木板击之发声。锣内有墨书"堂"
字及墨印一枚。小锣在戏中与大锣错综成为音节，
其中之花点皆由小锣点缀，旦角使用较多。

小铜钹

年代 清
收藏单位 故宫博物院

　　铜铸，一副两个，唯径较小，厚薄大致相同。
中间穿绳，用于手握。其中一件墨书"钹、郭"。
铜钹又谓之"铜盘"，戏曲演出中与大、小锣相互
错综成音节，武戏用的尤多。小钹声音较高，走
边的戏必以之伴奏。

四
清宫戏台

（一）三层大戏台

宁寿宫畅音阁大戏台

370

畅音阁大戏台位于宁寿宫后东路阅是楼院内，北向，建于清乾隆三十七年（1772），是清宫现存年代最早的三层大戏台。戏台自上而下，依次为"福台"、"禄台"、"寿台"。"寿台"是一个面阔三间、进深三间的方形台面，场门分设在台后两侧，场门上方是仙楼。寿台台面木板下有地井五口，安设绞盘，可将布景、演员托出台面。中央的一口井下有水，可引起共鸣，增加音响效果。寿台与禄台、福台有大井相通，安设辘轳，可依剧情升降演员、切末。戏台对面即二层高的阅是楼，是专供皇帝和后妃看戏用的。

颐和园德和园大戏台

371

为满足慈禧太后随处听戏的需求，光绪朝重修颐和园时，利用乾隆朝怡春堂旧址，以热河清音阁和宫中畅音阁戏台为蓝本，改建了德和园大戏台。工程始于光绪十七年（1891），耗资71万余两白银，历时4年有余始成，极尽宏伟壮丽。慈禧每次驾临颐和园，常于次日看戏，逢寿庆则前后连演八九日，称为"前三后五"。

德和园大戏台烫样

372

年代　清
收藏单位　故宫博物院

烫样，是清代宫廷建筑工程中，于正式开工前用纸板、纸浆等制作的建筑模型，因制作时需用熨斗烙烫成型而得名。这件烫样与德和园戏台实际建筑略有不同，如戏台对面的颐乐殿，由烫样的五开间二层楼改为七开间单层建筑，说明烫样进呈帝后御览时进行了审慎的修改。

避暑山庄清音阁戏台

　　清音阁戏台位于避暑山庄福寿园中，建于乾隆年间，是除圆明园清音阁、宫中畅音阁外的又一处三层大戏台。乾隆皇帝北巡热河时，常于此演戏以赏赉各部蒙古首领和朝鲜等藩属国使节。乾隆五十八年（1793）英国马戛尔尼使团也被赏看戏。进入民国，清音阁戏台遭火焚毁而不存。

圆明园同乐园清音阁戏台立面图档

　　清音阁位于圆明园同乐园，建于雍正四年（1726），曾是清宫建成年代最早的三层大戏台。乾嘉时期，每逢上元日、万寿节，皇帝皆召群臣、外藩、各国使节于此听戏。道咸后，逢宫中佳节，更是鼓板丝竹盈耳。此戏台惜于咸丰十年（1860）秋被英法联军焚毁，只能从此图档上领略其风采了。

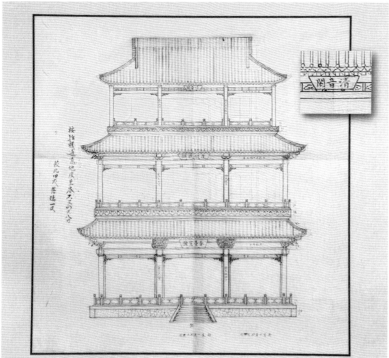

（二）中型戏台

375

重华宫漱芳斋戏台

　　重华宫曾为乾隆潜邸，即位后颇加修葺，增设戏台，顶层置升降绞车。戏台位于漱芳斋前院内，北向，每面四柱，稍宽的当心间作为台口，台的上方设天井，覆以重檐歇山顶。皇帝在元旦期间在此宴赉王公大臣、演戏。乾隆皇帝、慈禧太后就经常在这里看戏。1923年，在此戏台为敬懿皇贵太妃的生日演出，成为宫中戏曲活动的终曲。下图为漱芳斋旧影。

376

长春宫戏台

长春宫与太极殿之间为体元殿，是清代后期将长春门改造而成的。体元殿北向出抱厦三间，为宫中演戏的戏台。戏台较为宽敞，柱间只有低平的木质坐凳栏杆和简洁的倒挂眉子。慈禧太后50岁生日，经常在这里听戏。

377

南府戏台

坐落于清宫演戏机构南府、升平署院内，今中南海之东南隅。该戏台始建于康熙年间，是南府、升平署的演员平日排戏之所。台之后部设上、下场门，上场门为城门式，下场门为大庙门式，象征出将入相。乾隆皇帝曾在此观看排戏。

378

南海纯一斋戏台

苑囿戏台，坐落于西苑（今中南海）丰泽园内。戏台分上下两层，建于水中，环台植荷，最宜夏日演戏，故又名"水座"。光绪朝曾演过慈禧授意改编的皮黄戏《昭代箫韶》。

（三）室内小戏台

漱芳斋室内风雅存小戏台

　　风雅存小戏台位于漱芳斋后"金昭玉粹"室内，东向，四角攒尖方亭式，小巧玲珑，造型别致，装饰优雅，专供清代皇帝举行家宴时表演小曲或小戏所用。

倦勤斋室内小戏台

　　小戏台位于故宫外东路宁寿宫后部倦勤斋内，是座四角攒尖顶的方亭。其木构件多雕成竹节状，西、南、北三面均以竹篱作为隔墙。靠北的后檐墙上画整幅的竹篱藤萝的海墁天花连成一片，形成一座"室内花园"。倦勤斋小戏台是乾隆四十一年（1776）仿建福宫花园敬胜斋内小戏台而建的，为乾隆皇帝退位后在此听戏所用。

五

清宫演戏相关画作

（一）清宫戏曲画册

381

《戏剧图册·斩子》

年代　清咸丰或清同治
收藏单位　故宫博物院

　　绢本，设色，清宫廷如意馆画师绘。戏剧图画面生动，将每出戏中冲突最激烈、场面最精彩的部分定格下来，颇有画龙点睛之感，让人一目了然。戏剧图画面除戏中主要人物外，行头、切末也尽入画中，而且工笔写实。从内容看，所画剧目多为皮黄戏，故《戏剧图册》当为咸丰或同治年间所作。这些戏剧图为研究清宫戏曲舞台艺术及其发展演变提供了宝贵的第一手材料。

　　《斩子》讲述的是北宋时事。杨延昭之子杨宗保奉父之命去穆柯塞夺取降龙木，宗保临阵招亲，和穆桂英结为夫妇。延昭大怒，欲斩宗保，众人相继说情，不允。穆桂英献上降龙木，并以破天门为担保，宗保得免。

382

《戏剧图册·探母》

年代　清咸丰或清同治
收藏单位　故宫博物院

　　《探母》，讲述的是北宋名将杨业之子杨四郎的故事。杨四郎被俘，困居辽国15年，更名"木易"，并被招为驸马。后闻老母佘太君押粮至此，四郎思母心切。其夫人铁镜公主获悉实情后，盗取令箭，帮助四郎出关探母。

383

《戏剧图册·宝莲灯》

年代　清咸丰或清同治
收藏单位　故宫博物院

　　《宝莲灯》，又名《劈山救母》。戏中，华山三圣母与书生刘彦昌相爱，结为夫妇，生子沉香。三圣母之兄二郎神一怒之下，将三圣母压于华山之下。沉香长大后，遇神仙点化，并得神斧，手持其母所赠宝莲灯，大战二郎神，救出其母。

384

《戏剧图册·翠屏山》

年代　清咸丰或清同治
收藏单位　故宫博物院

《翠屏山》，根据《水浒传》故事改编。戏中，杨雄之妻潘巧云与和尚通奸，被杨雄义弟石秀发觉后，告之杨雄。巧云反诬石秀行为不端，杨、石兄弟绝交。石秀含恨将和尚杀死，杨雄醒悟，遂与石秀定计，将巧云诱至翠屏山杀死，同投梁山。

385

《戏剧图册·戏妻》

年代　清咸丰或清同治
收藏单位　故宫博物院

《戏妻》，又名"桑园会"。戏中，罗敷之夫秋胡离家 20 余年，后任楚国光禄大夫，回家省亲，适遇采桑的罗敷，恐其不贞，遂以秋胡朋友之名相戏。罗敷怒甚，回家至后堂自缢。秋胡与母急切救下，秋胡屈膝赔罪，夫妻和好。

386

《戏剧图册·南天门》

年代　清咸丰或清同治
收藏单位　故宫博物院

　　《南天门》，又名"走雪山"。戏中，明代吏部尚书曹正邦因得罪阉党魏忠贤被贬。魏忠贤派人追杀其全家，仅老仆曹福与正邦之女玉莲得脱。二人逃往大同，至广华山，大雪突降，天寒地冻。曹福以己之衣为小姐御寒，小姐得救，自己却冻饿而死，堪称"义仆"。

387

《戏剧图册·拾玉镯》

年代　清咸丰或清同治
收藏单位　故宫博物院

　　《拾玉镯》，全本《法门寺》中的一折。戏中，陕西世袭指挥傅朋偶至孙家庄，遇孙寡妇之女玉姣，两人互生爱慕之情。傅朋故意遗玉镯于地，使孙玉姣拾去。此情此景恰被刘媒婆看见，愿撮合二人成其好事。

（二）升平署扮像谱

秦瓊

時遷

388

《升平署扮像谱·诉功·秦琼》

年代　清同治或清光绪

收藏单位　中国艺术研究院

　　《诉功》中，李渊奉命监斩触犯靠山王杨林的秦琼。秦琼自表战功，言及当年临潼山救人之事，李渊方知秦琼是自己的救命恩人，于是放秦琼逃走。秦琼头戴罗帽，身穿箭衣，手持双锏，威风凛凛。

389

《升平署扮像谱·偷鸡·时迁》

年代　清同治或清光绪

收藏单位　中国艺术研究院

　　一名《时迁偷鸡》，水浒故事戏。戏中，杨雄、石秀、时迁三人议投梁山，宿于祝家庄，时迁却偷吃店家的报更鸡。店家诘问，被时迁百般戏弄。时迁头戴毡帽，身穿蓝大袖，手持公鸡，十分滑稽。

390

《升平署扮像谱·偷鸡·石秀》

年代 清同治或清光绪
收藏单位 中国艺术研究院

石秀头戴罗帽，内穿黑箭衣，外罩花褶子，沉稳干练。

391

《升平署扮像谱·凤鸣关·赵云》

年代 清同治或清光绪
收藏单位 中国艺术研究院

一名《斩五将》。戏中，蜀国攻打凤鸣山，诸葛亮以赵云年迈，恐阵前有失相激。赵云不服，坚决请战，诸葛亮遂任其为先锋。赵云连斩五将，夺取凤鸣关。赵云头戴扎巾，身穿白靠，腰悬宝剑，英武逼人。

（三）清宫演戏场景

《平定台湾战图》册之清音阁演戏图

年代　清乾隆
收藏单位　故宫博物院

　　纸本，设色，清宫廷画家绘集景画册，描绘平定台湾林爽文起义的前后经过。本幅为乾隆帝在承德避暑山庄福寿园犒劳凯旋将士的场面，真实再现了清音阁戏楼盛大的戏曲演出活动，从中可了解当时宫廷在此类大型剧场看戏的情况。赏赐王公大臣等一道听戏时，帝后端坐中间，正对戏台，臣藩则分坐于大戏台两侧的东西廊内。每间廊下设前后两排四个小炕桌，地上铺设棕毯，臣藩席地盘腿而坐。

受恩饶受恩饶
霈人知吾不嗜杀
徽
天真昭　西域金
川宴紫光臺湾凯
席值山荘敬称七
烬七功就又报一
帰一事偿我满拹
盈坪場永安
民和衆繫懷
長養年帰政庭
非盡益此攺己
勵自强
賜凱旋将軍福康
安泰績海蘭察
荨寫阿席成什
乾隆戊申盂秋
御筆

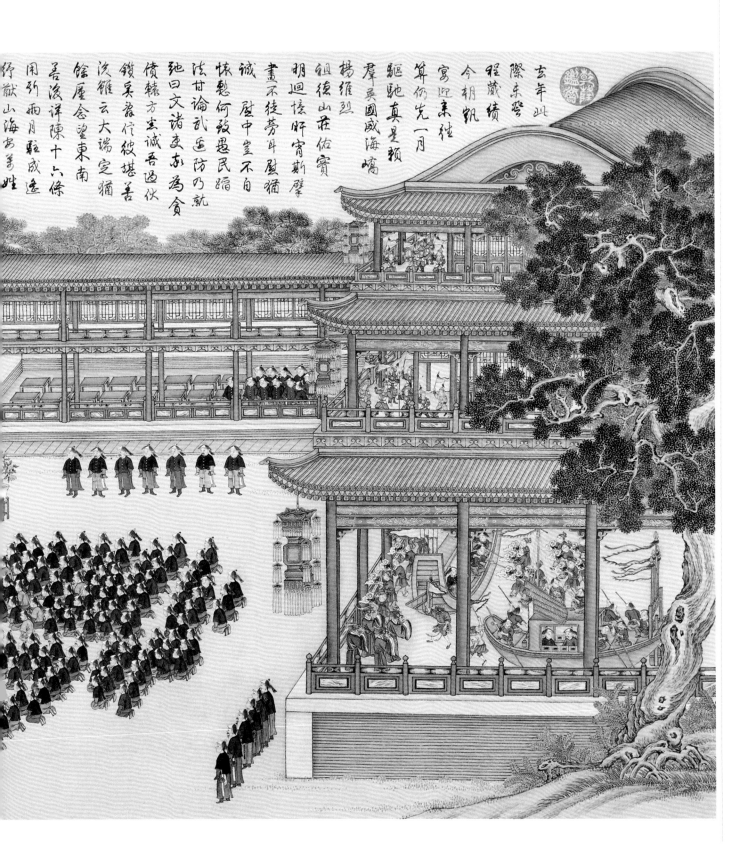

393

《康熙万寿庆典图》卷（演戏场景）

年代　清康熙
收藏单位　故宫博物院

　　绢本，设色，清宫廷画家绘。万寿节作为清宫三大节（冬至、元旦、皇帝或皇太后诞辰）之一，均要进行隆重庆祝活动，如演戏等。康熙五十二年（1713），康熙帝六旬大寿，从西郊的畅春园至西直门、新街口、西四牌楼等处，直到紫禁城，沿途搭建的戏台即有40多座，所演戏剧更是丰富多彩。众人围观，场面隆重、热烈。其中，能辨认的戏目有《白兔记》、《西厢记》、《安天会》、《浣纱记》、《单刀会》等。

394

《乾隆万寿庆典图》卷（演戏场景）

年代　清乾隆
收藏单位　故宫博物院

　　绢本，设色，清宫廷画家绘。乾隆五十五年（1790），乾隆帝八旬大寿，京城内一派祥和喜庆的气氛，戏剧演出如火如荼，较之乾隆十六年（1751）崇庆皇太后六旬庆典有过之而无不及。清代史学家赵翼尝言："乾隆十六年届六十慈寿，自西华门至西直门外之高梁桥……每数十步间一戏台，南腔北调，备四方之乐……后皇太后八十万寿、皇上八十万寿，闻京师巨典繁盛，均不减辛未。"尤其重要的是，徽班以此为契机进京演出祝寿，为日后京剧的诞生创造了前提。

交流篇

　　明末清初，实学思潮兴起，一批儒家知识分子开始关注并学习科学技术，逐渐汇通传教士带来的西方科学知识，形成了渐演成势的中西文化交流的局面。清王朝是一个从关外入主中原的少数民族政权，出于巩固政权的考虑，前期的统治者都很重视科学技术，许多皇帝亲自学习科学知识，甚至达到了很高的水平。

　　南怀仁在给欧洲耶稣会士的信中说："中国人最重视的科学中有天文学、光学、力学，最感兴趣的是数学。"在经过了"历法之争"后，康熙帝认识到了西方先进科技的优势，任用传教士修订历法，制造天文仪器，进行气象观测。康熙十二年（1673），南怀仁写出了《仪象志》，为清代天文观测建立了成套的规范。从康熙四十六年（1707）始，历时11年，任用传教士进行了第一次大规模的全国实地测量。其成果《皇舆全览图》，被著名科学家李约瑟称之为亚洲当时所有地图中最好的一份，而且比当时所有的欧洲地图更好、更精确。康熙帝对数学的兴趣也非常浓厚，而且达到了很高的造诣。他先后学习了欧几里得的《几何原本》巴蒂斯的《实用和理论几何学》等，还学习了大量的代数、对数等数学科目，并坚持将这些知识用于日常实践。康熙帝于1723年主持编撰了《律历渊源》丛书，结合当时传入的西方科学知识，对中国传统的数学、天文、乐理知识进行了总结，在相当长的时间内成为数学研究的必备参考书。学者阮元对这部书评价道："我圣祖仁皇帝，圣学先知，聪明天纵。御制《数理精蕴》契合道原，范围乾象，以故天下勤学之士蒸然向化。"除了天文学和数学之外，力学和医学在清宫内也颇受重视。康熙帝对解剖学、药物学等都有浓厚的兴趣，曾命人翻译《人体解剖学》，认为"缘此书一出，比大有造于社会，人之生命，或可挽救不少"。

清前期宫廷科学得到很大的发展，不论是总结传统科学，还是学习西方先进的科学知识，都大大超越了前代。清前期的几位皇帝，都十分重视自然科学知识的学习和运用，将中国传统科学与西方先进的科技知识相结合，促进了中西文化的交流和清代科技的发展。其中，以康熙帝的成就最大。其本人已经掌握了相当的科技知识，并能将其应用到实践中，这在一定程度上帮助他开创了康乾盛世的局面。但清宫内学习的科技知识主要是为应用而学，依皇帝个人的兴趣而转移，缺乏系统的知识积累，没有形成完整体系，因而非常容易中断。从现存的档案和文物上看，清代中后期宫廷天文学等式微，而西洋医学则逐渐成为这一时期宫廷中西文化交流的亮点，诸如血压计、显微镜等器械则为我们了解清后期宫廷西洋医学的状况提供了实物证据。

清代作为中国专制社会的最后一个专制王朝，统治者看不到科技对推动生产力发展的作用，社会结构的层次性又使得科学知识仅限于社会最上层的一部分知识分子，大多数人得不到学习先进科学技术的机会，因而整体的科技水平依然处于原地踏步的状态，使得清代社会经济在达到一个历史的高峰之后，与西方先进国家的差距慢慢拉大，造成了近代的被动局面。

皇帝眼中的世界

（一）万国来朝

395

《万国来朝图》轴（局部）

年代　清中期
收藏单位　故宫博物院

　　乾隆帝仰仗其在位时强大的国力，以天朝自居，把琉球、朝鲜、越南、缅甸等视为藩属国。为了弘扬清朝威德，乾隆帝谕令宫廷画家创作了五幅反映各国使臣恭贺清王朝新春之禧的作品——《万国来朝图》。该图主要展现了清代强盛之时，藩属各国及西方国家使团出使中国的场景，展现了大一统下的清王朝"八方来朝"的胜景。

萬國來朝

396

《胪欢荟景图》册之万国来朝

年代　清中期
收藏单位　故宫博物院

　　乾隆帝为纪念其母亲崇庆皇太后圣寿庆典，
专门令宫廷画家绘制了一本画册，即《胪欢荟景
图》册。该画册的第一部分"万国来朝"表现了
外国使臣拿着贡品祝寿的场面。

397

碧玉《御制英吉利国王差使臣贡至
诗以志事》册

年代　清中期
作者　（清）弘历
收藏单位　故宫博物院

　　乾隆皇帝以诗文的形式记载了马戛尔尼使团
一行前来祝寿的情景，并制成玉册，收藏宫中。

398

《皇清职贡图》卷中的柔佛人、俄
罗斯人与荷兰人

年代　清中期
作者　（清）丁观鹏等
收藏单位　故宫博物院

　　乾隆二十六年（1761），命宫廷画家丁观鹏等
人将与清王朝有交往的 27 个国家和地区的官民男
女形象绘制在《皇清职贡图》中，每段画面上方
均以满汉两种文字注明该画中人物之国度、风土
人情等情况，反映出清代中期中外交流的盛况。
此图即画中俄罗斯人和荷兰人的形象。

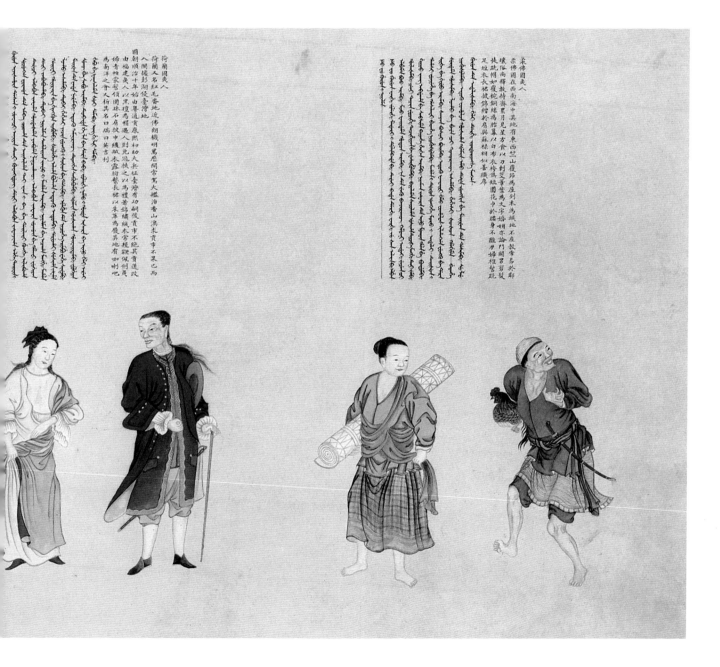

399

象牙雕西洋人像

年代　清
收藏单位　故宫博物院

　　清代宫廷大量的西洋人物造型玩具不仅丰富了少年皇帝的娱乐生活，同时也是中西文化交流的重要传播媒介。

400

铜西洋人物像

年代　清
收藏单位　故宫博物院

　　这些西洋人玩偶不仅体现了中西文化交流的情况，同时也反映了清宫对西洋文化的认知程度。

《皇清职贡图》

年代　嘉庆十年（1805）
作者　（清）董诰等纂　（清）门庆安等绘图
　　　（清）靖本谊等缮录
收藏单位　故宫博物院

　　武英殿增绘校刻本。乾隆二十六年（1761），命宫廷画家丁观鹏等人将与清王朝有交往的 27 个国家和地区的官民男女形象绘制在《皇清职贡图》中，每段画面上方均以满、汉两种文字注明该画中人物之国度、风土人情等情况。后董诰等人根据该图及文字内容将其制作成书，共九卷，并增补了一些相关内容，使之成为一部较为详尽的世界知识图册。

《琉球国志略》

年代　清乾隆
作者　（清）周煌编
收藏单位　故宫博物院

　　墨格抄进呈本。琉球原为清代的属国，1879 年为日本所据。乾隆年间辑录的该书记载了琉球的历史渊源、风土人情，使清政府较为全面地了解了琉球的全貌，对处理与琉球的关系有一定的帮助。

（二）开疆拓土

403

中国地图铜版

年代　清乾隆
作者　［法］蒋友仁
收藏单位　故宫博物院

　　清代是中国古代地理测绘学发展的高峰，先后在康熙和乾隆两朝进行过大规模的国土测量，并绘制出精确的地图。乾隆二十五年至二十七年（1760—1762），由在宫廷的法国传教士蒋友仁等，在《皇舆全览图》的基础上，吸收了《西域图志》的新成果，并利用最新的测量成果，绘成《乾隆内府舆图》。乾隆二十五年至三十五年（1760—1770），蒋友仁又负责将《乾隆内府舆图》制成铜版104块，这便是其中的一块。

404

《平定廓尔喀战图》册

年代　清中期
收藏单位　故宫博物院

　　乾隆五十七年（1792），福康安率
兵攻克入侵西藏的廓尔喀（今尼泊尔）
人的军事要塞擦木，大获全胜。为此，
乾隆特御题纪事，表现了这一战事之
况。后廓尔喀归顺清朝，成为附属国。

405

《皇舆全览图》

年代　清康熙
作者　［法］白晋等
收藏单位　故宫博物院

　　康熙五十七年（1792），经过白
晋、雷孝思等人十年的努力，绘成清
代的全国地图，即《皇舆全览图》。该
地图采用经纬网和梯形投影法等方法
制成，内容精详，准确可靠，是当时
亚洲乃至世界上最精确的地图。

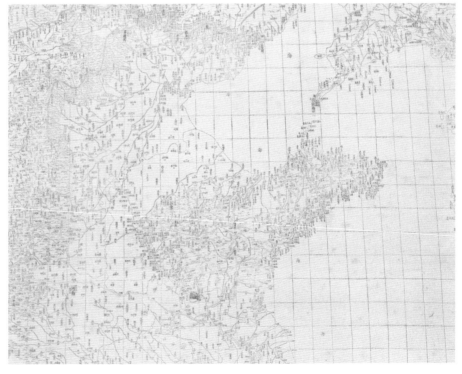

东北亚地图

年代 清

收藏单位 故宫博物院

　　清代，在传教士的帮助下，政府绘制了大量的各类地图。这些地图不仅是当时学者认识和了解世界的一个重要途径，也反映了当时天文地理学知识的发展水平。

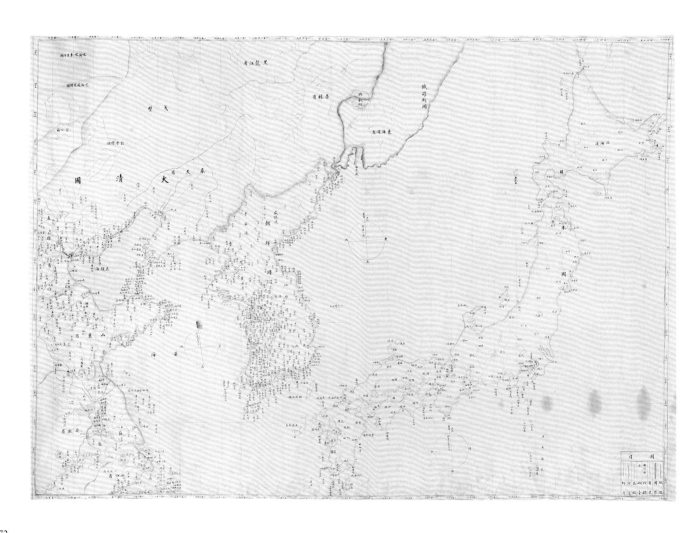

碧玉《御制平定廓尔喀十五功臣图赞序》册

年代　清乾隆
作者　（清）弘历
收藏单位　故宫博物院

　　平定廓尔喀入侵对清代边疆的稳定具有重要的作用，因此乾隆皇帝对在此战役中立功的 15 位将领进行封赏，并将皇帝对其赞语序言刻在玉册内，以示庄重。

中俄交界图

年代　光绪十六年（1890）
作者　（清）洪钧译
收藏单位　故宫博物院

　　中俄作为邻国，在清代初期经历了雅克萨之战等战役后，以《尼布楚条约》初步确定了双方的疆界。后俄国逐渐占据了我国东北的大片领土，形成了现在中俄边界的雏形。该地图的出现使清政府及国人逐渐对中俄边界形势有了一个明晰的认识，对捍卫国家主权有着积极的作用。

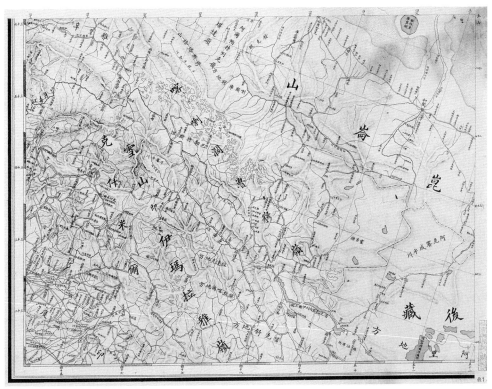

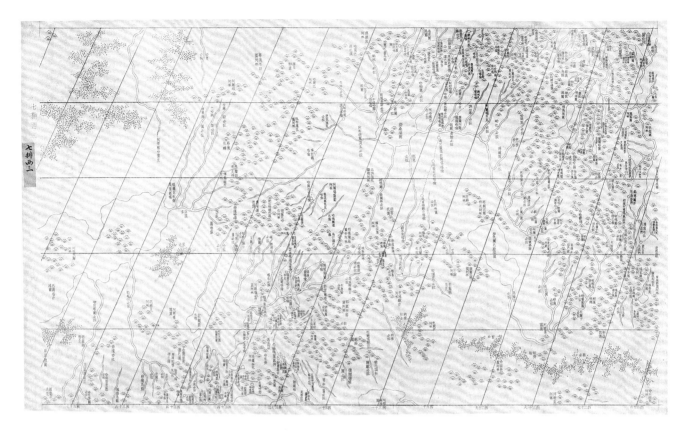

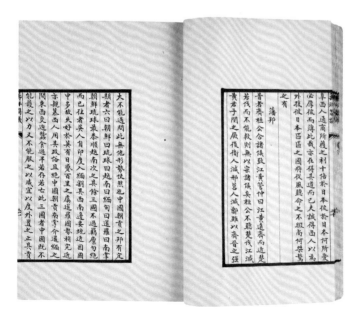

409

《皇舆全图》

年代　清乾隆
作者　［法］蒋友仁等
收藏单位　故宫博物院

　　乾隆二十五年至二十七年（1760—1762），在宫廷供职的法国传教士蒋友仁等在康熙《皇舆全览图》的基础上，收集最新成果，修订补充而制成全国地图，即《皇舆全图》。该地图的绘制是清代最后一次全国性的大地测量工程的结果，也是清朝鼎盛时期的象征之一。

410

《筹洋刍议》

年代　清光绪
作者　（清）薛福成撰
收藏单位　故宫博物院

　　《筹洋刍议》是薛福成于光绪五年（1879）写成的一部反映其洋务思想的著作，也是整个洋务运动时期最重要的著作之一。该书共分14篇，约两万余字，从政体、外交、经济、军事等方面较为全面地阐述其希望富国强兵的愿望，被公认为是19世纪末期中国最重要的思想著作之一。该书的广泛发行对正在形成的资产阶级思想也有深远的影响。

《坤舆万国全图》

年代　明
作者　［意］利玛窦
收藏单位　故宫博物院

　　利玛窦，明末来中国的意大利天主教耶稣会传教士。利玛窦于万历十年（1582）来华传教，于万历二十九年（1601）到北京，进呈自鸣钟等科技产品，并与士大夫交往，主张将孔孟之道、宗法敬祖思想同天主教相融合。同时，他还介绍了西方的自然科学知识，自制地图、地球、天体仪送给官员。这件《坤舆万国全图》是利玛窦利用当时西方天文、地理学知识绘制的，地图上以汉字标注地理方位，较为详尽地标注了世界各地的地理状况，并附有详尽的文字说明，有助于国人加深对世界的认识。

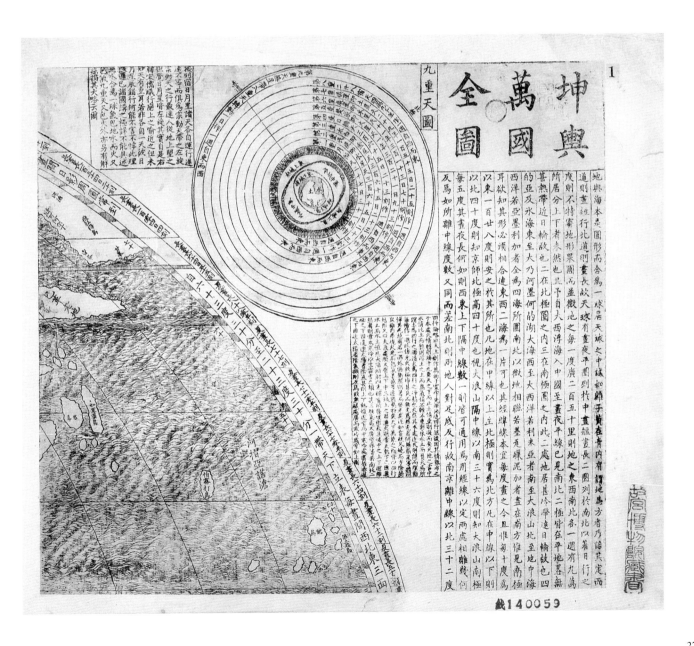

《坤舆全图》

年代　清康熙
作者　[比利时] 南怀仁
收藏单位　河北大学图书馆

　　这幅地图是南怀仁按照康熙皇帝的要求于康熙十三年（1674）绘制完成的。该图详细地描绘了当时世界状况，用汉文标注出不同地域的地理特征、物产资源和风土人情等情况，成为康熙学习地理知识和了解当时世界情况的一份重要教材。

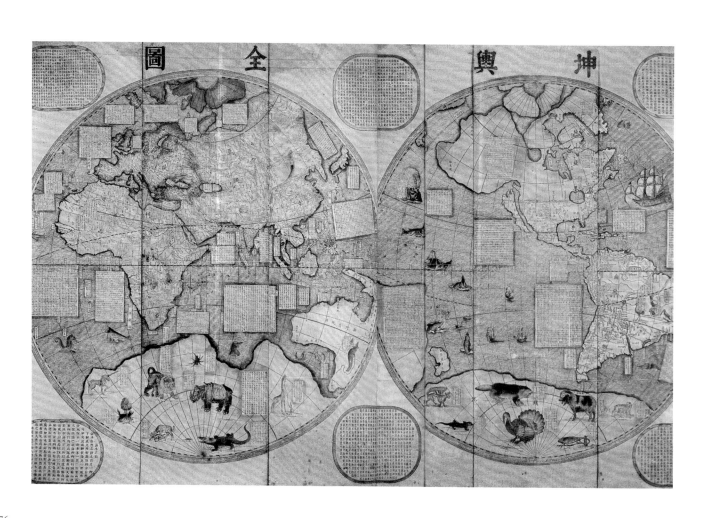

（三）皇帝与洋人

413

胤禛半身像

年代　清雍正
收藏单位　故宫博物院

　　雍正皇帝虽然对天主教采取了严厉的态度，但这并不能掩饰其对西方世界的兴趣。这幅身着西方服装的画像就体现了雍正对西方文化的好奇。

414

汤若望揭帖

年代　清
作者　〔德〕汤若望
收藏单位　南京博物院

　　此为顺治三年（1646）正月汤若望奏报天象之事的揭帖。该揭帖中推算了该年春季的天象，并画有太阳、月球和金、木、水、火、土五大行星的运行方位图，使清政府对这一时段天象状况有一定的了解。

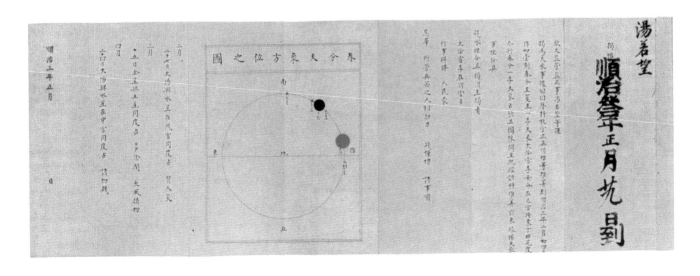

415

南怀仁居处

南怀仁（1623—1688），比利时天主教耶稣会传教士，于顺治十六年（1659）抵达中国，后进京供职于钦天监，居住在北京宣武门天主教堂。康熙八年（1669）起，主持钦天监事务，负责改制天象台，铸造新式火炮和翻译西方科学书籍，并教授康熙皇帝自然科学知识。在其影响下，众多擅长自然科学的传教士来华，促成了康熙时期中西文化交流繁盛的局面。

416

南怀仁墓

康熙二十七年（1688），南怀仁病逝于北京，葬于明清以来外国传教士之墓地中，在今北京市西城区车公庄大街南 6 号北京行政学院院内。

路易十四致康熙帝信件

年代　17 世纪
作者　[法] 路易十四
收藏单位　法国外交部

　　此信为路易十四亲笔信，由其派遣的传教团带往中国。信中提及法国耶稣会是传播法兰西科学知识及宗教信仰的最佳使者。传教团最终因为俄罗斯的阻挡而无功而返，此书信未能送到康熙皇帝的手中。

康熙帝西洋版画像

年代　17 世纪
收藏单位　吉美国立亚洲艺术博物馆

　　康熙皇帝通过传教士了解西方文化，同样西方也通过传教士的描述对康熙皇帝有初步的印象。该图便是欧洲画家想象中康熙皇帝生活在华丽宫殿中的模样。

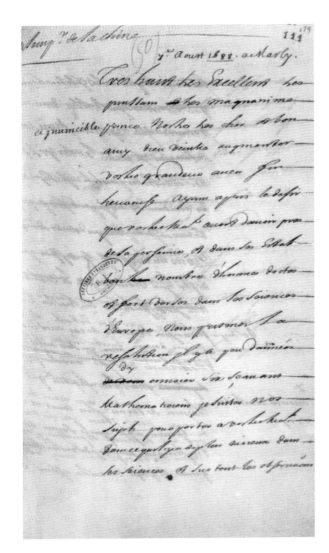

419

利玛窦汤若望南怀仁像

年代　18 世纪
收藏单位　吉美国立亚洲艺术博物馆

　　西方的科学技术最初由明末来华的传教士传入中国，清初的传教士则进一步将其传入到宫廷，成为东西方文化交流的重要媒介。图中几位传教士是其中的杰出代表：意大利人利玛窦、德国人汤若望、比利时人南怀仁。下方所绘的为努力吸收并传播西方科技的徐光启和他的孙女。经过数代人不间断的努力，到清中期时，一些西方的科技成果逐渐在中国被接收和推广，推动了社会生产力的进步。

420

汤若望与顺治帝

年代　17 世纪
收藏单位　德国慕尼黑博物馆

　　汤若望进入清宫廷后，与清代帝后的关系日渐密切，特别是在顺治八年（1651）治愈了孝庄皇太后的亲侄女、顺治帝皇后博尔济吉特氏的疾病后，受到格外优崇。顺治皇帝先后授予汤若望太仆寺卿、太常寺卿、光禄大夫等官职，密切交往长达七年之久。汤若望经常出入宫廷，对朝政有所建言，特别是在劝阻顺治帝亲征及立储等方面起了一定的作用。画中的顺治皇帝具有明显的伊斯兰国家君主的特征，而汤若望手持比例规，是欧洲人想象中汤若望对顺治帝进行学习指导的场景。

汤若望像

汤若望（1592—1666），德国人，天主教耶稣会传教士，通晓天文历法，翻译并著述大量西欧的天文学论著。明代万历四十六年（1618），受耶稣会派遣，来华传教。明清鼎革后，汤若望进入宫廷，后担任了钦天监监正一职，并将自己编写的《西洋历法新书》进呈给清廷，对清代历法发展有深远的影响。

汤若望墓

　　康熙初年的历法之争中，汤若望被控告以修历为名图谋不轨，投狱，拟处死。不久，因京师地震，免其死，获孝庄太皇太后特旨释放。后于康熙五年（1666）病死，葬于阜成门外马尾沟。

423

北京宣武门天主教堂

　　宣武门天主教堂又称"南堂"，属罗马式风格建筑。明万历三十三年（1605），意大利传教士利玛窦在此兴建第一座教堂。顺治七年（1650）又由汤若望进行扩建，成为北京城内最大的教堂。此教堂有康熙帝御题的"敬天"匾一块。

424

北京西什库天主教堂

　　北京西什库天主教堂，又称"北堂"，属哥特式风格建筑。康熙二十三年（1684），皇帝身患疾病，后得到传教士张诚等人进献的金鸡纳霜而治愈。于是，康熙皇帝特赐中海蚕池口前的一片地方给他们修建教堂，并命名为"救世主堂"，有康熙御笔题写的"万有真原"匾额一方。光绪十三年（1887），该教堂迁往西安门内西什库。

425

李拱臣墓碑拓片

李拱臣（1767—1826），西洋人，曾为钦天监监正，于道光六年（1826）病逝。道光皇帝赏银200两，以为抚恤。

426

毕敬穷墓碑拓片

毕敬穷（1763—1838），葡萄雅人，圣味增爵会修士、主教。嘉庆九年（1804）奉旨进京，道光二年（1822）任钦天监监副，道光六年（1826）因病乞休，道光十八年（1838）病逝，享年75岁，被安葬于今北京市西城区北营房北街（马尾沟）教堂。

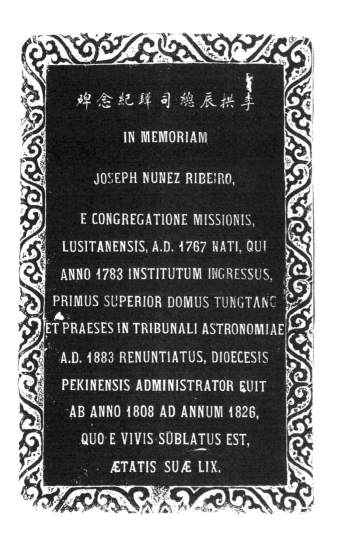

427

康熙帝致罗马关系文书

年代　清康熙

作者　（清）玄烨

收藏单位　中国第一历史档案馆

康熙帝为维护传统道德，对罗马教廷干涉中国教徒祭拜祖先和孔子的行为，屡次致书进行抗议。该文书即康熙皇帝对罗马教廷抗议的物证，反映了中西文化碰撞下的国家对抗。

餘年並無損亂，平安無事，不犯中國法度。爾等自西洋航海九萬里投來，情願効力，並非俘獲之人，朕因軫念遠人，俯垂矜恤，以示中
國之大，何所不容，使爾等各獻微長，出入禁庭，曲賜優容，亦寓中外一家之意。至於爾等行教，與中國毫無損益，即爾等去留亦毫無關涉。因多羅來時，誤聽教下閻當不通文理，妄誕之言，假如閻當若深通中國文理，亦為可恕。伊不但不知文理，即字亦不識，如何講得中國理義，即如以天為物，不可敬天，此即大不通之論。譬如上表章內稱
皇帝陛下，又如過
御座無不趨蹌起敬，總是敬君之心，隨處皆然。若以陛下為階下，座位為工匠所造，怠忽可乎。中國敬天亦是此意。若依閻當之論，必當呼天主之名，方是為敬，甚悖於中國敬天

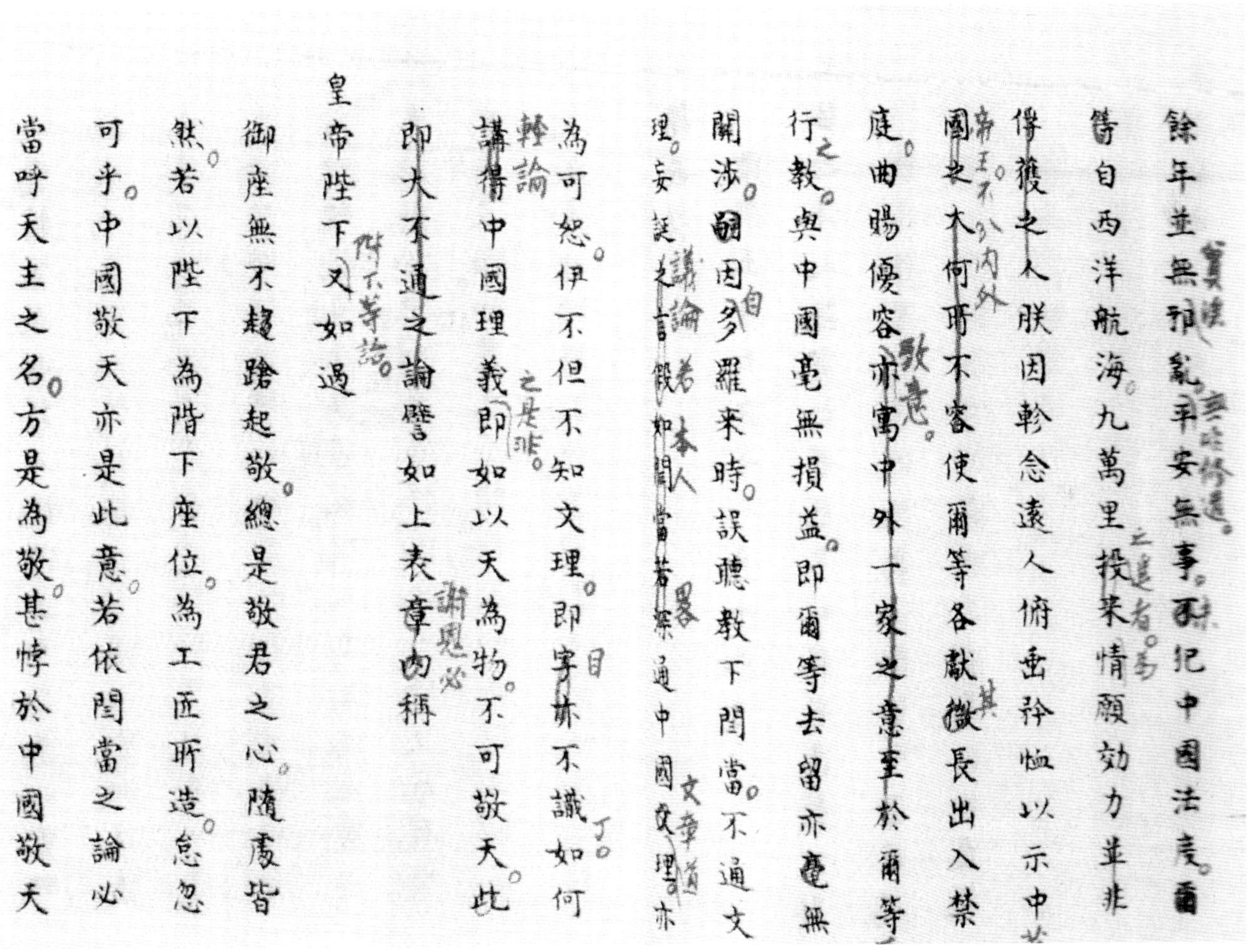

二

西洋奇器

（一）天文学

铜镀金三辰公晷仪

年代　18世纪
收藏单位　故宫博物院

　　仪器南北向的大圈为子午圈，上刻周天360°；与之相交的环圈为天常赤道圈，上刻十二时辰、赤道十二宫；最内为过极游圈，其上一边开中缝，对应的另一边留中线，用作游标，以便进行观测。仪器由花梨木精雕西洋蔓草花纹支架承接，在木座中心放置一指南针，以定方向。子午圈的一侧镌刻"大清乾隆戊戌年制"款识。

　　三辰公晷仪是通过测日、月、星求得时刻的仪器。使用时可随观测地点的地理纬度进行调整，故名"公晷仪"。该仪器在设计上用西洋方法将中国传统的"六合、三辰、四游"的环架结构简化，木座雕刻西式花纹，突出了整个仪器的时代感，说明乾隆朝在天文仪器制作上，取西方科技之长，使中国这类古代仪器得到进一步的完善。

铜镀金三辰仪

年代　清乾隆
收藏单位　故宫博物院

　　三辰仪坐标环中，正立的大圆环为子午圈，上刻周天360°；与之相交的双圆环中，外环为天常赤道圈，上刻时刻度分；内环为游旋赤道圈，上刻赤道十二宫度；最内重是能绕极轴转动的过极游圈，上刻经度，游圈附直距、游表、窥管。仪器的环架主要由七根柱形支架承托，下配以"十"字形方座。方座内有水槽、螺旋，用以调节水平；还配有指南针，以定南北方向。此仪子午圈的侧面镌刻"大清乾隆丙寅年制"铭文。根据《三辰仪说》得知，三辰仪可演示测日、月、星而求得时刻，以及测定月、星的赤道经纬度。

　　此三辰仪是按照乾隆九年（1744）提出的制仪原则制造的，既取中国古代浑仪测天技术之长，又结合西方仪器刻度精确之优。清宫廷制作的三辰仪，在环架结构上仍沿用中国古代浑仪的三层制法，所不同的是分别去掉了地平圈、黄道、白道等坐标环，虽然将传统的环环相套的浑仪加以简化，但仍保留了浑仪的使用功能。依其尺寸，还可以认定此三辰仪即古观象台上清朝铸造的最后一件大型实测青铜仪器——玑衡抚辰仪的五分之一大小的模型。

铜镀金浑天合七政仪

年代　18世纪
收藏单位　故宫博物院

　　浑天合七政仪是用于演示太阳系中金、木、水、火、土、地球、太阳七星（即"七政"）运转的仪器。

　　1543年出版的波兰天文学家尼古拉·哥白尼的《天体运行论》著作中，阐述了日心地动的太阳系学说，标志着日心说的创立。18世纪初，英国的一些科学仪器制造家，相继制作太阳系仪，用以演示行星、地球及月亮等绕日运行的情景。这件太阳系仪就是在乾隆时期传入清宫的。

　　这件太阳系仪的外部圈环结构与中国古代的浑天仪极为相似，可视为浑天仪和太阳系仪合一的作品。清宫将其定名为"浑天合七政仪"，也表明当时的中国人对这件仪器的基本认识。

431

铜镀金万寿天常仪

年代　乾隆十五年（1750）
收藏单位　故宫博物院

　　万寿天常仪的结构同于三辰公晷仪，其功能与用法也与三辰公晷仪相同，是通过测日、月、星求得时刻的仪器，只因镏金支架上精雕各式"寿"字而被称为"万寿天常仪"。从此仪器小巧的体积看，应是一件陈设在宫内殿堂之中的演示仪。此仪器是乾隆十五年（1750）制作的，而此年正是乾隆四十寿辰之年，因此很可能是为乾隆祝寿而制作的。

432

铁镀金天球仪

年代　顺治十四年（1657）
收藏单位　故宫博物院

　　这是清宫所藏最早的一件天体仪。球体由铁轴贯穿球的中心，球体绕轴旋转一周代表天球的周日视运动过程。天体仪上有地平圈、子午圈等若干圆圈：环绕天球中腰的为地平圈，与之正立相交的为子午圈。子午圈上设有天顶、北天极、时刻盘、游标。球体采用17世纪时欧洲常用的黄道坐标，在天球上刻南黄极、北黄极、黄赤二道、黄经、黄纬、星象（星象按星等标注）等。

　　天体仪的用途主要是通过黄道坐标、赤道坐标、地平坐标三者进行换算及测求时刻。这件天体仪地平圈为镂空刻花圆盘，球体黄道上也未刻二十四节气，星象图也不标准，无法进行实际求测，只是一件天体模型。天体仪镌刻"顺治十四年制"和"星等一、二、三、四、五、六"铭文。

 433

地球仪

年代　清康熙
收藏单位　故宫博物院

　　球体中腰处的铜圈为地平圈，上刻四象限。与地平圈相交的铜圈为子午圈，上刻 360°。球北极处附时盘，上刻十二时辰，分初、正。球面上绘黄道、赤道、经纬度，其中黄道绘以黄色，赤道绘以红色，经纬线每隔 10° 画一条。黄道上标有二十四节气名称、南北回归线、南极圈、北极圈。球面绘大陆行政区域，标注一些大城市的名称，如中国的北京、太原、宁夏、兰州、南昌、苏州、厦门、武昌、汉口等，还绘有河流、湖泊、岛屿，如南美南部的火地岛、北部的亚马孙河及西南太平洋上的澳大利亚、菲律宾、爪哇、马来半岛、新几内亚等。球面还标有特殊的地理位置，如中国的长城。地球仪下端的一部分表现的是在宽阔的海域中有奇形怪状的水兽、大小帆船及航海线等。地球仪安放在工艺精湛的紫檀木雕花三弯腿支架上。

　　中国地球仪的制作始于元代，由西域天文学家扎马鲁丁为元朝廷督造，球面上反映了地球表面的海陆分布状况，属于原始的绘制方法。明万历年间意大利传教士利玛窦来华后，为向中国传授古希腊的地圆说，亲自制作地球仪，并著有《坤舆万国全图》。受其影响，明万历三十一年（1603），学者李之藻制成一架地球仪；约在崇祯三年（1630），朝廷也制作了一架地球仪。这些地球仪上绘制了经纬网，扩充了我国此前的地球仪上只有 27 处观测点的纬度，包括了赤道、南北回归线、南北极圈的整个地球纬度，也弥补了我国此前不知经度的空白，并标注了五洲说，使当朝人可以了解西方地理大发现的新知识。继明之后，清初康熙皇帝敕命在朝的传教士会同一些朝廷官员制作了此件地球仪，球面的图像、刻度及相关的文字叙述等大体沿用利玛窦的绘制方法。这件仪器的制作从一个侧面反映出地圆说理论在中国得到巩固，也反映了当时中国对世界地理知识的认识水平。

434

银镀金浑天仪

年代　康熙八年（1669）
收藏单位　故宫博物院

　　浑天仪安设在紫檀木方形框架中。仪器上的水平圆圈为地平圈，刻有度和分。与地平圈垂直相交的为子午圈，刻有四象限子午圈以内的各环，分别为黄道带、黄道圈、赤道、白道，皆刻有度数。地球安设在通轴的中心，上刻有"亚西亚"、"欧罗巴"、"阿美利加"、"利未亚"等当时五大洲的名称。

　　浑天仪是清钦天监官员、比利时传教士南怀仁于康熙八年（1669）制作的。作为宫中的一种小型天体演示仪器，旋转浑天仪可以演示太阳、月亮围绕地球转动的情况，并可表现出日食、月食现象，是清宫造办处所造的天文仪器中较早的一件。

435

铜镀金赤道式日晷

年代　18世纪
收藏单位　故宫博物院

　　此为赤道式日晷，分上下两层。上层镂空方框内连一半圆形时刻盘，盘两面刻时刻线，中央设一可转动的晷针。下层盘中心设指南针。盘一端装有活动枢纽，依其周围的刻度调节晷盘的地理纬度。

　　求测时，定好南北方向，旋转枢纽，将晷盘固定在当地地理纬度上，视晷针投在晷盘上的日影可知时刻。

436

铜镀金圆盘日月星晷仪

年代　18 世纪

收藏单位　故宫博物院藏

　　该仪器是将日晷、月晷、星晷组合为一体，通过测日、月、星的对应刻度而求得时刻。仪器的一面为日晷，晷盘上刻有节气线、时刻线、北纬度、黄道十二宫，并附有立耳、直表、坠线。仪器的另一面为月晷，由三张盘重叠组合而成：第一重盘为黄道十二宫及其度数表；第二重盘为日期和时刻表；第三重盘为月亮图形的直表，盘中心有孔，可验看底盘刻画的月相图。星晷则在月晷的外端。

　　仪器上镌刻拉丁文的科隆（COLON）和"1541 年"，该仪器可能是由明末来华的生于科隆的传教士汤若望携入宫中的。

437

铜镀金日晷圭表合璧仪

年代　清

收藏单位　故宫博物院

　　合璧仪是指将赤道式日晷与圭表同设在一个长方形晷盘上的仪器。赤道式日晷可通过测日影以知时刻；圭表可以通过测午正时表影的长度来推算太阳在黄道上的位置，从而得知当时的节气及所处方向。

　　在英国制造的这件仪器上，清廷又在原有的黄道十二宫上相应刻上中国传统的十二宫名称，晷盘镌刻"London"。

438

磁青纸制简平仪

年代 清康熙
收藏单位 故宫博物院

　　简平仪是夜窥星辰以拟定星象或星位、昼视日影以定时刻的仪器，属星盘一类。中世纪时，西方广泛使用星盘来测量天体高度，元初传入中国，但由于与中国传统的赤道坐标不相宜，一直未能引起重视。明末传教士利玛窦等来华，将星盘再次传入中国，与此同时，传教士熊三拔编译了相关的理论书——《简平仪说》，李之藻等人编著了《浑盖通宪图说》，才引起了有关学者的关注。康熙朝宫廷制作了三件简平仪，此件是采用赤道坐标的简平仪。

439

铜镀金简平星盘仪

年代 清
收藏单位 故宫博物院

　　康熙御制的简平仪共分三重。上重为北地平盘，外刻十二月份，每月30°，次内刻十二时辰，盘中心为北极盘和时刻盘。中重为天盘，其一面为北极恒星盘，上刻阴历日、赤道十二宫、周天360°、二十四节气名称、赤经线、黄道、银河系，沿赤道所刻星象按二十八宿划分，并按一至六星等来标注。天盘的另一面为赤道南极恒星盘，除星象图有变化外，其余与北恒星盘大致相同。下重盘为南地平盘，盘心象征着南极。中心设时刻盘、大游标，盘面还刻有更线、节气线、日出没线等。简平仪上端附有提环。因简平仪未设置窥管，无法进行实测，只起演示作用。此仪北地平盘上端镌刻"简平仪"，下端镌刻"康熙二十年岁在辛酉仲夏御制"铭文。

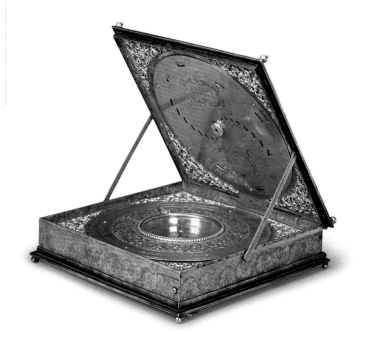

440

银镀金简平地平合璧仪

年代　康熙三十二年（1693）
收藏单位　故宫博物院

　　此合璧仪由六件不同的仪器组成，分别嵌在银镏金方盘上，再由合页将方盘依次连接，合为方盒式。最上面的为三辰公晷仪，将其打开后，立面为时刻度分盘，平面为罗盘仪；将罗盘仪掀起，又见两仪器，立面为地平仪，平面为星盘；星盘的下面为象限仪。上述六件不同功能的仪器，经巧妙设计融为一体。各种仪器的空白部位饰蔓草纹，时刻度分盘上蔓草纹方框内镌"此仪器宜北极出地高四十度"，简平仪底盘上镌"此简平仪依北极出地高四十度"。此合璧仪内附算筹、测度线、铅笔、黑板、象牙纸、星宿度说明册等物。时刻度分盘上镌刻"大清康熙癸酉岁清和月御制"铭文。

　　从仪器制作的时间、仪器的体积和配置的仪器等推断，这件套式仪器应该是康熙本人为配合学习西方天文、数学、测量等知识而进行短距离实测所用。

441

日月食演示仪

年代　清乾隆
收藏单位　故宫博物院

　　日月食演示仪是专用于演示日食、月食的仪器，底层设黄道，上刻 15°30′，即 15 天半，并附可移动的地影盘。中层为白道，其刻度同黄道。上安设月体模型。最上为时刻表，表首端置太阳体模型，尾端设直表。

　　若演示日食现象，使时刻表连同表首端的太阳体在座架的黄道上左右移动，视太阳体被下层白道遮蔽的位置便出现了日全食、日环食、日偏食等不同的日食现象，与此同时，时刻表也直接反映出各日食现象的时间。

　　若演示月食现象，先将时刻表中心对准白道不动，再将黄道盘上的地影盘固定在白道上月亮模型下面，依前法使白道在仪座南北移动，视白道上的月体被下层圆盘地影遮蔽的情景，则可演示出月全食、月偏食的现象。此时，时刻表尾端的直表也指出了发生月全食、月偏食的时间。

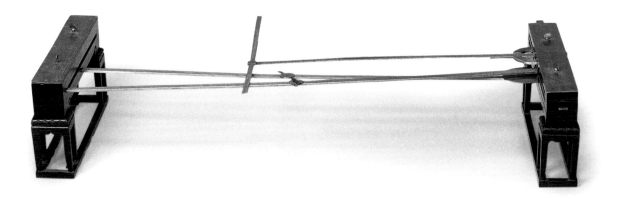

铜测高弧象限仪

年代　清康熙
收藏单位　故宫博物院

　　测高弧象限仪的圆心处装有一个四面穿孔的小圆柱，可以转动。在象限弧两端各有一个立耳瞄准器。立耳上有中线，使用者调整仪器，使日光从圆柱细缝透过后恰好落在立耳的中线上，这时圆柱细缝和立耳的连线正确表示了太阳光的方向，立耳中线指示的度数和坠线（已失）指示的度数之差就是太阳的天顶距。象限仪底座盘嵌一指南针，可校正测量方向。此仪收入《皇朝礼器图式》一书。

443

铜镀金星晷仪

年代　清康熙
收藏单位　故宫博物院

　　星晷是通过测星而求时刻的仪器，分上下两重盘，上盘称"天盘"，周围刻二十四节气。天盘上端设三角形直表，表背面左右两边分别刻"勾陈"、"帝星"二星名，中间刻"两星表"三字。下盘称地盘，一面周圈刻十二时辰，另一面外周圈刻十二时辰，内周圈刻更时——一、二、三、四、五更，中间部位横向排列二十四节气表。还设有横纵线，横线为节气线，线段为更线。星盘中心内孔内安坠线以取直。

444

佛科摆模型

年代　19 世纪
收藏单位　故宫博物院

　　此仪器为教学用具，由四根木立柱组成，合拢后为圆柱形，附黑漆皮套筒。使用时先将四根木立柱打开，呈四边形，中间圆顶下垂铁链系一铜实球，做圆弧往复运动，用以证明地球自转运动的原理。

黑漆嵌银望远镜

年代 清
收藏单位 故宫博物院

　　16 世纪，西方发明了望远镜，给予人们一个观测世界的全新视角，并以西洋奇物由西方传教士携入中国。此望远镜为单圆筒折射望远镜，可抽拉三节，下附三脚架。此望远镜可用于观测距离较远的目标。

铜镀金天文望远镜

年代 19 世纪
收藏单位 故宫博物院

　　此望远镜为铜镏金质，物镜由两块凹透镜组成，目镜装在一铜镏金管筒上。右侧附焦距旋钮，可调整观测角度。主镜筒上附有一寻星镜，用于观测时对星体进行定位。此望远镜为专门观测天文使用，由英国人在香港制造，上有"C・J・GAUPP HONG KONG"的标识。

447

铜镀金指南针

年代 清
收藏单位 故宫博物院

罗盘仪中为十字花纹，盘缘标有八个方向：N、NE、E、SE、S、SW、W、NW，盘刻度分别为 4 个 0°—90°。其盘仪盖面附清宫当年白纸墨书："卅四号带南针水平盘赤道公晷一件。"又墨书："定南针水平盘一件。"从墨书文字看，这件指南针应是某赤道公晷仪上的一个部件，早与主件分离而被单独使用了。

448

铜镀金全圆仪

年代 清乾隆
收藏单位 故宫博物院

此仪为十字镂空花瓣形，在花瓣四端各有一个立耳瞄准器，其中一花瓣上还带一指南针，盘内有"S"、"OR"、"M"、"OG"字样。在量角仪中心花蕊处有刻度，观测时，将带指南针的一对花瓣作为定标，另一对花瓣为游标，从花蕊上读出两组花瓣间的度数，便是所测目标的角度。此仪可测水平方向的角度，亦可测垂直方向的角度。此仪器收入《皇朝礼器图式》一书。

《康熙十年二月十五日丁酉夜望月食图》

　　康熙皇帝对天文学非常重视，不仅招募大量擅长自然科学的外国传教士进入宫廷服务，皇帝本人也可亲自学习天文学。该图即康熙十年（1671）钦天监制作的月食图，在北京和盛京（今沈阳）两个观测点对月食发生的时间、方位都有精确的记载，并图解了月食产生的原理。该记录图用满、汉、拉丁文三种文字记录。

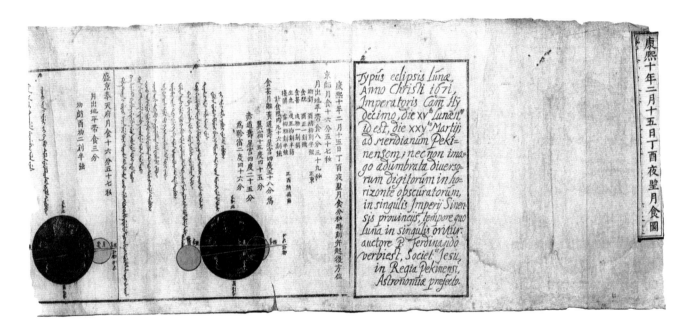

古观象台

　　古观象台位于现在北京建国门立交桥的西南角，原名观象台或瞻象台。现存的观象台始建于明正统年间，当时陈列浑仪、浑象、简仪等仪器。康熙八年至十二年（1669—1673），在传教士南怀仁的主持下，采用欧洲天文学度量制和仪器构造制作了六件天文仪器，包括赤道经纬仪、黄道经纬仪、象限仪、纪限仪、地平经仪和天体仪。这些仪器取代了原来明代的观测仪器，成为钦天监观测天文的主要器具，此后又陆续制作了一批天文仪器放置到观象台。在观象台上持续的天文观测对清代历法的制定和天文学的发展都大有裨益，也使观象台成为清代天文学发展的见证。

赤道经纬仪

赤道经纬仪现陈设于古观象台上，是康熙时期由南怀仁主持设计制造的，用于观测太阳以求得角度。

黄道经纬仪

黄道经纬仪现陈设于古观象台上，是康熙时期由南怀仁主持设计制造的六件大型天文仪器之一，用于观测天体的黄经差、黄纬差和二十四节气，其所测数据是清代钦天监制定历法的重要依据。

《钦定仪象考成》

年代　乾隆二十一年（1756）
作者　（清）允禄、[德] 戴进贤等修纂
收藏单位　故宫博物院

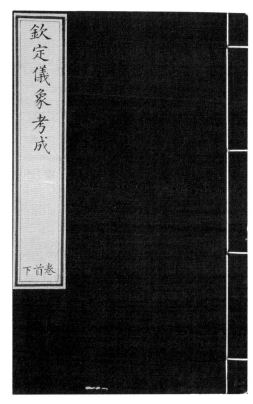

　　《钦定仪象考成》，正文三十卷，卷首二卷，共十二册。又称"仪象考成"，武英殿刻本，半页9行，行20字，四周双边，单鱼尾。乾隆九年（1744）钦天监依例观测天象时，发现黄赤交角比康熙年间南怀仁所编《灵台仪象志》中的记载已有偏差，恒星位置也有变化。经钦天监奏请，敕准重新测纂星表，乾隆十七年（1752）该书编成。

　　正文三十卷皆为星表。卷一为"恒星总记"，卷二至卷十三为"恒星黄道经纬度表"，卷十四至卷二十五为"恒星赤道经纬度表"，卷二十六为"月五星相距恒星黄道赤经纬度表"，卷二十七至卷三十为"天汉经纬度表"。

　　全书星表以乾隆九年（1744）甲子冬至为历元，共列星表300宫，共计30083颗星，其中南极附近23星宫共154颗星及其他1614颗星都是增补进去的，称为"增星"。该书将增星按位置分配在各自的星宫内，并加写方向和数字编号。

　　全书是以1725年英国修订再版的《弗兰斯提德星表》为底本，经过实测修正而编成。该书补充了大量旧表缺漏纪数，更正了旧表星序，全书的错讹、重复比《灵台仪象志》明显减少。

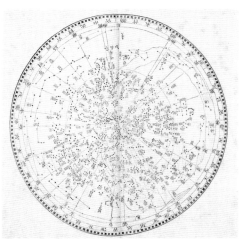

（二）数学

铜镶银假数尺

年代　清

收藏单位　故宫博物院

　　清宫造办处成造。这是一件在甘特性计算尺基础上改进了的带滑表的计算尺，由清宫造办处制造。数尺由三部分组成，上下身为固定尺，中间为滑尺，可以计算一些正弦和反切线等数学问题。清宫中有一些这种改进西方原尺而来的计算尺，这是方便皇帝进行数学知识学习而做的。

象牙比例尺

年代　清康熙

收藏单位　故宫博物院

　　清宫造办处成造。清代，随着西学的传入，精确测量在大地测量和日常生活、学习等许多方面都得到广泛应用。这种比例尺即为精确测量所用，其精确度可达到尺长的千分之一。此尺上有康熙御制款，说明是康熙皇帝学习数学知识所用之物。

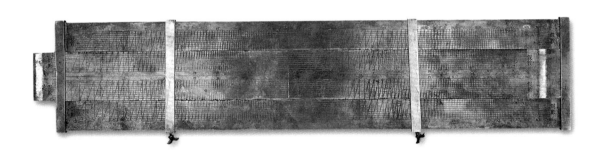

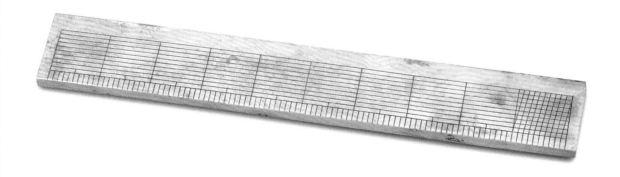

绘图仪器（一套）

年代　18 世纪
收藏单位　清宫造办处

　　欧洲成造。这是一组由欧洲制造的绘图仪器，盒内共有仪器 11 件，包括半圆规、画规、鸭嘴笔及各种尺子等。这套仪器不仅可以用于日常学习，还适用于野外测绘工作。

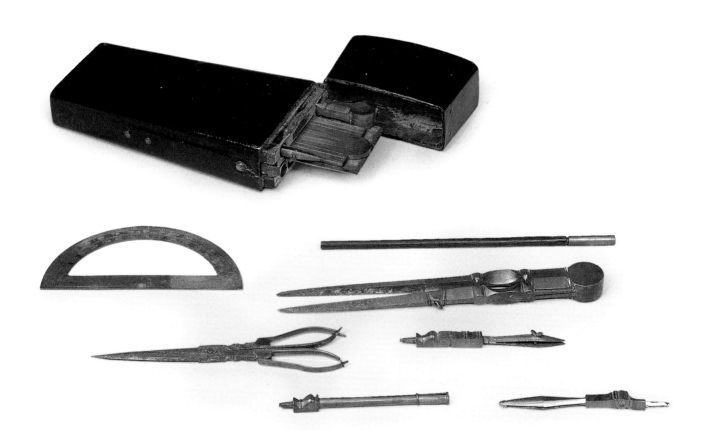

 457

铜镀金算尺

年代 18世纪

收藏单位 故宫博物院

　　英国成造。这是一件由英国制造的西方进制、单位的铜镏金算尺，可以在日常的数学学习中使用。清宫中这种西方的数学用具多是传教士进献给皇帝的学习用品，在康熙皇帝当政时期尤多。

 458

铜量角器

年代 清康熙

收藏单位 故宫博物院

　　清宫造办处成造。量角器又称"角尺"，它是在一个半圆弧的中心安装一个能在半圆弧上自由滑动的尺，使用时将滑动的尺对准弧上的刻度，可知所测角的角度。因此类尺上常刻有"康熙御制"四字，所以又被称为"康熙角尺"，多是康熙皇帝日常学习数学知识所用。

459

硬木多面体教育模型

年代　清康熙
收藏单位　故宫博物院

　　清宫造办处成造。几何体中的正多面体最早由公元前 5 世纪希腊的毕达哥拉斯学院发现并研究，称之为"宇宙体"，并分别用正四面体、正六面体、正八面休和正十二面体代表水、火、风、土四大元素，在欧几里得的《几何原本》中对此有介绍说明。此立体模型是清宫造办处为康熙皇帝学习几何学所制造的教学用具。

460

铜镀金小半圆仪

年代 17 世纪
收藏单位 故宫博物院

　　来自法国巴黎。半圆仪是做圆时量角与画角的工具，在清代被称为"半圆分角器"。此半圆仪产自法国巴黎，应该是传教士带入清宫供皇帝学习使用的。

461

铜镀金计算器

年代 清康熙
收藏单位 故宫博物院

　　清宫造办处成造。这种盘式手摇计算机是由法国科学家巴斯加于 1642 年在巴黎制造成功，之后由传教士将其介绍到清宫。这台筹式计算机可通过中国竖式算筹进行四则运算及开平方、开立方等运算。

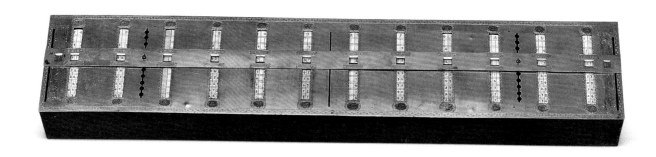

462

纸筹计算器

年代 清康熙
收藏单位 故宫博物院

　　清宫造办处成造。筹式手摇计算机是清初以纳白尔算筹对巴斯加计算机改造而成的一类计算机。此计算机匣内的算筹由纸制成，上有 11 条细线，代表十进制。此计算器简单实用，很适合日常学习使用。

楠木雕花框镶银刻各种比例表面炕桌

年代　清康熙
收藏单位　故宫博物院

　　清宫造办处成造。这是一件为康熙皇帝学习数学演算而特制的炕桌，桌面嵌有三块银版，上有各种数学用表、比重表等供其查阅。桌内腔有七个大小不等的格子，用于存放绘图和计算工具，精美实用。

《对数表》

年代　清康熙
收藏单位　故宫博物院

　　清宫造办处成造。康熙帝对西方科技抱有极大的热忱，把运用当时已经掌握的西方科学知识修正古代典籍上的有关差错、弥补其不足，作为君主文治的重要内容，所谓"成一代大典，以淑天下而范万世"。这几本对数表为《对数广运》和《御制数表精详》。其中既有汉文书写的，也有用拉丁文书写的。汉字书写的对数表是清宫自制的，用拉丁文书写的应该是由传教士带入并经过清宫改造而成的中西合璧的数表。这些数表大小、薄厚不均，有用工笔精抄的，也有用两色木板套印的，装帧精美，既可以查三角函数值，也可以查多种物质的比重，是一种非常实用的数学工具书。

465

《几何原本》

年代　清康熙
作者　[法]白晋、[法]张诚编译
收藏单位　故宫博物院

　　满文抄本，七卷。数学是康熙皇帝学习成绩最好的科目，几何则是他较早接触的学科。康熙曾向南怀仁求教欧几里得的初等几何，后命传教士白晋、张诚等人编译《几何原本》作为教材。该书包括了欧几里得和阿基米德所有重要的定理及其证明，是一部具有很高价值的几何学教科书。这部满文几何教材也是中西文化交流的一个重要物证。

466

《高厚蒙求》

年代　19世纪
作者　（清）徐朝俊编
收藏单位　故宫博物院

　　此书为嘉庆年武英殿刻本。徐朝俊，嘉庆时期人，生卒年不详，江苏华庭人，精通天文地理之学。该书记载了很多天文地理学知识，其中涉及了诸如钟表等很多西方的近代科学技术，是一部较为全面的近代科学技术著作。

467

铜镀金盘式手摇计算器

年代　清康熙
收藏单位　故宫博物院

　　清宫造办处成造。这件手摇式计算器是清宫造办处根据巴斯加计算机的原理制造的，利用齿轮装置可进行加减乘除运算，是当时非常先进的计算工具。

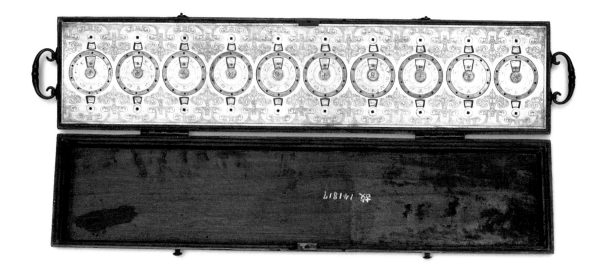

（三）医学

468

杨琳等奏派差伴送法国医生等人进京折

　　康熙皇帝对医学怀有浓厚的兴趣，不仅亲自学习医学知识，还招募很多擅长医术的传教士进入宫廷服务。该奏折为康熙五十八年（1719），时任两广总督的杨琳等人将来到中国的法国医生安泰文自广州送到北京的奏折。上有康熙皇帝的朱批，可见对其非常重视。

469

满文西洋药书

年代　清康熙
收藏单位　故宫博物院

　　此本为内府精写满文袖珍本。因康熙皇帝对西洋医学的浓厚兴趣，一些传教士将西方的医学著作翻译成满文供皇帝学习使用。这些满文西洋医学书籍在很大程度上是康熙皇帝学习西方医学的教材，其中较为有名的是张诚编译的《人体解剖学》等。

两广总督奴才杨琳跪奏

闻伴送西洋人来京事本年五月十二日到有
法兰西行医外科一名安泰文会法瑚技
艺一名陈忠信据称在虹日久必精歇息
方可赴京奴才等业经会揣具
奏在案今安泰陈忠信二人於六月十八
日广州起程奴才等公同差人伴送合再

　　　奏

　間謹
　　奏

二人都到了外科故然好会法瑚者不及大内
而选还可以学得

康熙伍拾捌年陸月拾捌日奴才杨琳奏仁

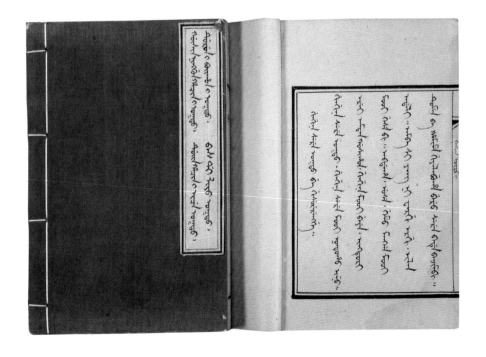

巴斯的料

年代　清康熙

收藏单位　故宫博物院

　　产自欧洲。康熙时，西洋传教士为博取皇帝好感，谋求教务发展，屡屡向宫廷进献西洋的药品。如康熙三十二年（1693），传教士所进的金鸡纳霜挽救了皇帝的生命。康熙六十大寿时，在宫廷中供职的西洋传教士又纷纷进献了一些药品，其中就包括巴斯的料。

西洋香

年代　清

收藏单位　故宫博物院

　　西洋香本是香料的一种，但在清代是作为药材进宫廷的，被收贮于药材库房。从名称上看，西洋香应是西方进献或由贸易而来的一种香料，是中西文化交流逐渐发展的结果。

巴尔撒吗油

年代　清

收藏单位　故宫博物院

　　巴尔撒吗油是一种产自南美洲的避暑香油，是配置避暑香药巴尔萨木香的主要原料，清代传入中国。清宫存有几种不同的香方配制，其特点各异，但均以巴尔撒吗油为主料。这也是巴尔撒吗油传入中国后中西方文化逐渐融合的结果。

耳鼻喉科用具

年代　清
收藏单位　故宫博物院

　　清代，西洋外科医学技术逐渐传入，相应的很多器械也逐渐进入宫廷。下图中的开鼻器为金属质地，用于观察和诊断鼻腔疾病。

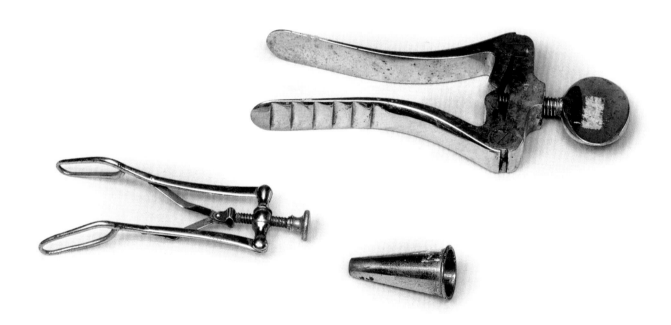

血压计

年代 19 世纪末至 20 世纪初
收藏单位 故宫博物院

　　血压计是近代西方医学的产物，在 19 世纪末
期逐渐传入中国。此血压计表盘的刻度上从 0 到
350 为一圈，并带有橡皮止血带等。这些西方医学
器具在宫廷的出现，说明西方医学在宫廷得到一
定程度的认可。

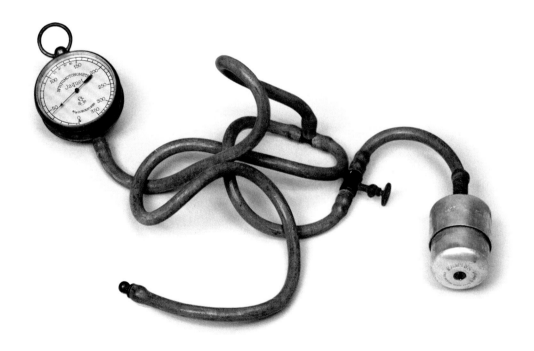

酒精灯

年代　清
收藏单位　故宫博物院

　　酒精灯是西方医学中用于蒸馏药物使用的器具，可用于治疗口腔、鼻腔及呼吸道疾病。使用时，将酒精加热，从而将药物从壶嘴中蒸出治疗疾病。这种酒精灯在清宫中出现的时代较早，可能是皇帝学习西洋医学时使用的器具。

476

医用反光镜

年代　19 世纪末
收藏单位　故宫博物院

　　医用反光镜是西方医学中进行口腔、鼻腔等观察使用的器具。该反光镜镜面平滑完好，配有带子，镜中有一小孔。这类的西方医学用具多出现在清晚期，主要是作为皇帝学习时的教学用具使用，一般不用于实际诊疗疾病。

妊娠模型

年代　19 世纪末
收藏单位　故宫博物院

　　该妊娠模型从小到大，子宫内有小孩，表现了胎儿从三个月逐渐变大的过程，直观地表现了整个妊娠过程，是一组很好的产科教育材料。从该模型中我们可以看出，清末时中国已经开始接受西方的医学体系。

女性人体解剖模型

年代　19 世纪末
收藏单位　故宫博物院

　　该人体模型清楚地表现了人身体各个部位的
器官特征，并且可拆卸组装，是一件完备的人体
解剖学的教学模型。

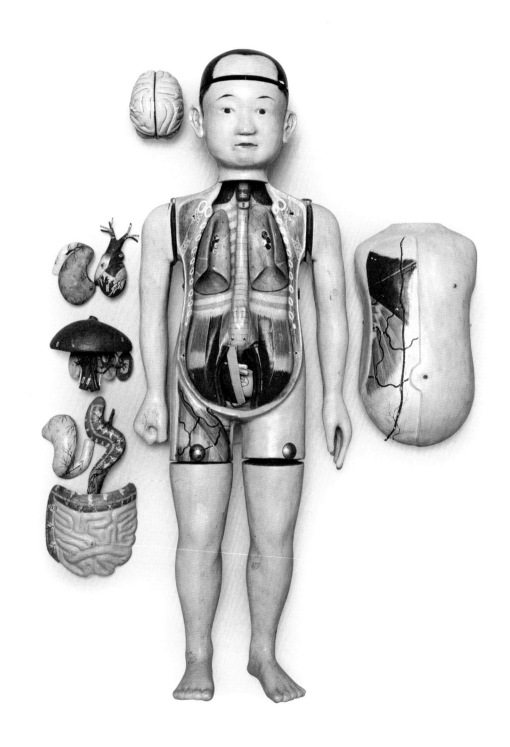

（四）生活用具

479

铜座放大镜

年代　清
收藏单位　故宫博物院

放大镜是近代西方利用凸透镜的原理制成的一种器具，可识别体积较小的物体。该放大镜是清宫日常生活中所用，说明当时西方的科技产品在宫廷已经非常普遍。

480

木长方手摇电影机

年代　清
收藏单位　故宫博物院

产自法国。该电影机是法国巴黎照明设备公司制造的木壳手摇式电影机，主体为木质结构，枣红色机身，侧面有一可开小门，以便放置胶片。机身右侧附有一金属手柄，摇动手柄可以带动内部齿轮的转动，以带动胶片连续播放。上置一玻璃镜头，通过光的照射将胶片上的内容反映在幕布上。电影机所用的胶片也是由法国照明设备公司生产的，其材质为薄塑料片，通过摄影机将图像留印在胶片上。整部机器构造简单别致，易于操作，整体外观雅致大方，精巧自然，为清宫近代西洋器具中的精品。

银花边长方盘

年代 19 世纪

收藏单位 故宫博物院

产自美国。美国作为后起的资本主义国家，其生产力在 19 世纪得到快速发展。因此，大量美国制造产品在清晚期逐渐进入中国市场，包括各类生活器具、科技产品等。该花边长方盘为银质，造型和装饰都有明显的西式风格。

482

铁镶西洋瓷黑绒带

年代 18 世纪

收藏单位 故宫博物院

来自英国。乾隆五十八年（1793），英国马戛尔尼使团访华，这是中西关系史上重要的一个节点。从马戛尔尼使团携带的礼物来看，均是当时英国最先进的自然科学技术成果或代表英国文化的物品，这是近代外交体系下两国间互赠礼物的方式。清政府的对策是将这些礼物束之高阁，成为"看亦可，不看亦可"的物品，体现出清政府近代外交知识的匮乏。该铁镶西洋瓷黑绒带即由马戛尔尼使团进呈给清廷的礼品之一。

留声机

年代 民国
收藏单位 故宫博物院

　　该留声机是用来播放唱片的新式留声机，由旋转机构、唱头、喇叭三部分组成。20 世纪初，新式留声机进入中国。不久，这种时尚物品便出现在逊清皇室的宫殿里。用留声机播放京剧唱片、外国歌曲唱片成了溥仪的消遣之一。

铁西洋打火机

年代　近现代
收藏单位　故宫博物院

　　打火机是近代西洋科技的产物，与中国传统的火镰相比，打火机操作更为便捷。

幻灯机

年代　清末民初
收藏单位　故宫博物院

　　来自上海商务印书馆。这部幻灯机为溥仪时期清宫所用，主体为铁制，由机身和镜头两部分构成。机身含有放置灯片的片夹，放映时利用小孔成像的原理，光源通过镜片将幻灯片投到屏幕上。在幻灯机上刻有"上海棋盘街商务印书馆有限公司制造所"的商标字样。作为近代化的文化传播工具，幻灯机在弘扬民族文化遗产、普及近代文化知识、增强国人的民族意识等方面有着积极的作用。商务印书馆作为中国近代最重要的文化教育出版企业之一，也在这方面作出了重要的贡献。

486

铜镀金洋人牵羊钟

年代　18世纪
收藏单位　故宫博物院

来自英国伦敦。此钟表为英国制造的机械钟，底层内装有音乐及活动场景的机械系统，可播放八种不同的曲目，显示了英国在工业革命后国内先进的科学技术。

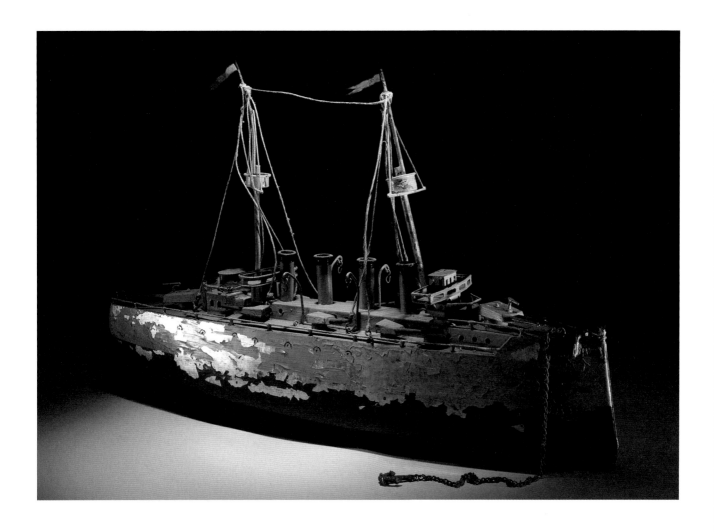

487

洋铁小战舰模型

年代　清末
收藏单位　故宫博物院

　　战舰是近代西方殖民的主要军备，代表了近代海洋时代最先进的军事技术。清宫将这些战舰模型作为小皇帝的玩具，不仅可供其娱乐，同时还可学习到一些科技和军事知识。

488

铜机器式轮表

年代　19世纪末
收藏单位　故宫博物院

　　法国生产。蒸汽机的发明和使用是第一次工业革命的标志，推动人类从手工时代走向机器生产。这件由法国制造的钟表，通过附在上面活塞的运动，可模拟蒸汽机的工作原理，使其不仅具有计时的功能，还展示了当时先进的科技水平。

 489

电话机

年代　清末民初
收藏单位　故宫博物院

　　来自日本。此电话为故宫现存的一部溥仪时宫中安装的电话，原装在西路的崇敬殿西配殿，由日本电气株式会社于1906年制造。该电话机整体机身为黄色硬木质，前半部分为电话主机，附有一个听筒、一个话筒、一个手摇柄、两个响铃及四个接线钮；电话的后半部分是一个木质的电池箱，里面盛放着带动电话工作的电池。对于从小就在与世隔绝的深宫内长大的溥仪来讲，电话无疑为他打开了一个与外界交流的窗口。他同京剧演员杨小楼等人在电话里相互开玩笑的故事被广为传播。

490

《静怡轩木器钟表书籍路设陈设账》

年代　20世纪初
收藏单位　故宫博物院

　　静怡轩是乾隆七年（1742）建成的位于建福宫花园内的寝宫。此为静怡轩宫殿的内部陈设档册，较为详细地记载了该宫殿内钟表、机械、木器和书籍等陈设品，说明当时宫殿内多有诸如钟表等科技产品。

491

洋瓷彩花仕女图加金瓶

年代　19 世纪末

收藏单位　故宫博物院

　　日本生产。近代以来，随着明治维新的进行，大量日本生产的器物进入中国，其中就包括各类生活用具。

492

蓝地菊花纹七宝烧撇口瓶

年代　19 世纪末

收藏单位　故宫博物院

　　日本生产。这种日本制作的铜胎画珐琅器皿又称"七宝烧"，在清末大量进入宫廷，因其制作技艺精湛、色彩艳丽、富于装饰性，受到宫中人等的喜爱，清末宫中多有陈设。

（五）科技书画

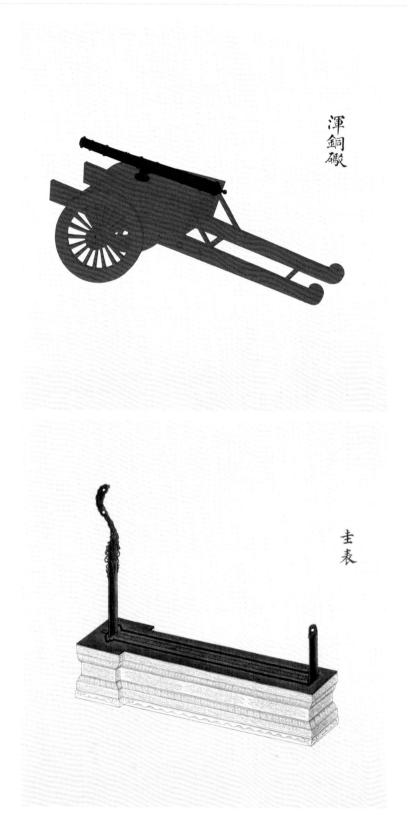

渾銅礮

圭
表

《皇朝礼器图式·武备·浑铜炮》

年代　清
作者　（清）冷鉴、（清）黄门等合画
收藏单位　故宫博物院

　　在《皇朝礼器图式》的《武备》卷中，记载了冷兵器 10 类 139 种和热兵器 2 类 76 种，冷热兵器首次并列出场。139 种冷兵器正是乾隆时期清军武器装备和军事活动的基本反映，而 76 种枪炮在列则表明在乾隆时期清朝与世界先进技术的差距并非巨大，同时也是这时期由冷兵器向热兵器过渡的反应。

《皇朝礼器图式·仪器·圭表》

年代　清
作者　（清）冷鉴、（清）黄门等合画
收藏单位　故宫博物院

　　《皇朝礼器图式》记载了包括天文、地理测绘、光学和计时仪器等几类从 1541 年到 1750 年仪器共 50 件，既有清宫造办处的制作，同时也有一些来自欧洲的仪器。该卷融合了当时中西方的很多科技成果，这说明当时官方的科技活动是非常活跃的，反映了当时中西文化交流的水平。

《胤禛妃行乐图》轴

年代　清
收藏单位　故宫博物院

　　该图为清人所绘雍亲王妃的行乐图，反映了清中期清宫居室的一些陈设布局。在图的左边桌上，摆放着一件七政仪，说明宫廷有时是将这些仪器作为陈设品使用的，同时也说明当时西方科技仪器在宫廷内很受重视，被当作重要物品摆放。

《人物图》轴

年代　19世纪末

收藏单位　故宫博物院

　　来自日本。该绘画作品的内容为一名太阳照耀下的日本僧人，具有明显的日本特色。从绘画风格来看，兼具东方传统人物画法与西方透视法等东西方绘画技巧，体现了开埠后日本国家文化兼收并蓄的特点。

缎画山水壁衣

年代　19世纪末

收藏单位　故宫博物院

　　来自日本。日本自明治维新后，其国家文化特征表现为东西方文化兼具。该壁衣就具有明显的西方油画风格，同时兼具东方山水画的意境。这些日本绘画作品进入中国后，对中国绘画的发展也产生了深远的影响。

后 记

　　因缘际会，在原研究室余辉主任的引荐下得以成为明清档案研究所的一员。后仰承朱诚如、任万平两位主编的厚爱，有幸担任《清宫图典》（文化卷）主编，由衷感谢三位学术前辈的关怀和提携！

　　文化内涵丰富，包罗万象。从清宫图典的整个谋篇布局出发，《清宫图典》（文化卷）只拟定了典籍、戏剧、宗教、教育、交流五个方面的主题。即便如此，五个主题的专业也相去甚远，非我一人之力所能完成，须借助术业有专攻的专家学者来共同完成。我对清宫典籍相对熟悉，故负责撰写此章节内容。其他章节，则邀请了学有所长的同仁协助完成。在此我向诸位同仁深表谢意，他们分别是教育篇的负责人徐瑾、许静、宗教篇的负责人文明，戏剧篇的负责人孙召华，以及交流篇的负责人万秀峰。由衷地感谢上述学者的支持和帮助！

　　在编写过程中，我遇到问题常第一时间向研究室的于庆祥和左远波两位老师请教，两位老师给予了热情的指导和帮助。在此对两位老师致以诚挚的感谢！研究室的王莹和隋晓琳擅长图片处理，在我编辑图片方面给予了帮助，在此也深以为谢！

　　此外，对故宫出版社辛勤工作的同仁致以深深谢意，尤其邓曼兰、伍容萱、王志伟等编辑。正是她们认真负责地沟通，一丝不苟地校对，精益求精地调色，才能使本卷最终呈现于读者面前。

　　本卷是大家通力合作的结晶，力争以有限的篇幅展示清宫文化的繁盛，并试图揭示文化背后的政治经济规律。奈何囿于本人学识能力，难免有失偏颇，还请方家斧正。

刘甲良

2018 年 11 月 9 日

图书在版编目（CIP）数据

清宫图典 . 文化卷／故宫博物院编 . —— 北京：故宫出版社，
2019.12
　ISBN 978-7-5134-1266-7

　Ⅰ . ①清… Ⅱ . ①故… Ⅲ . ①宫廷－史料－中国－清代－图
集②文化史－史料－中国－清代－图集 Ⅳ . ① K249.06-64

　中国版本图书馆 CIP 数据核字 (2019) 第 242294 号

清宫图典
文化卷

故宫博物院 编

主　　　编：朱诚如　任万平
本卷主编：刘甲良
撰 稿 人 （以姓名拼音为序）:刘甲良　孙召华
　　　　　　　　　万秀峰　文　明　徐　瑾　许　静
出 版 人：王亚民
责任编辑：伍容萱
篆　　刻：阎　峻
装帧设计：李　猛
责任印制：常晓辉　顾从辉
出版发行：故宫出版社
　　　　地址：北京市东城区景山前街 4 号　邮编：100009
　　　　电话：010-85007808　010-85007816　邮箱：ggcb@culturefc.cn
制版印刷：北京雅昌艺术印刷有限公司
开　　本：889 毫米 ×1194 毫米　1/16
印　　张：21.75
字　　数：278 千字
版　　次：2019 年 12 月第 1 版
　　　　　2019 年 12 月第 1 次印刷
书　　号：ISBN 978-7-5134-1266-7
定　　价：396.00 元